Umgang mit der Erde

-

Entwicklungen

und

Aussichten

von

Kurt Olzog

Umgang mit der Erde

-

Entwicklungen

und

Aussichten

Autor: Kurt Olzog

Die Werke des Autors „Energiewende im Klimawandel", „Der Mond – Rohstoffquelle und Weltraumbasis", „Globalisierung der Politik – Geschichte und Zukunftsperspektiven", „Bevölkerungsexplosion und Ressourcenverbrauch", „Gletscherschmelze und Meeresspiegel", „Ausbau der Wasserstoffwirtschaft" und „Wasserstoff bremst den Klimawandel" sind inzwischen herausgekommen, das erste in mehreren Sprachen. Nun nimmt der Autor sich des Themas „Umgang mit der Erde" an und beleuchtet die Möglichkeiten, die uns Menschen zur Verfügung stehen, um mit Erderwärmung und Artensterben zurechtzukommen.

Bibliografische Information der Deutschen Nationalbibliothek:

Die Deutsche Nationalbibliothek verzeichnet diese Publikation in der Deutschen Nationalbiographie; detaillierte bibliografische Daten sind im Internet über dnb.d-nb.de abrufbar.

TWENTYSIX

Eine Marke der Books on Demand GmbH

© 2021 Kurt Olzog

Herstellung und Verlag:

BoD – Books on Demand, Norderstedt

ISBN: 9783740783259

Inhalt

1. Bestandsaufnahme — S. 6

2. Bevölkerungsentwicklung — S. 30

3. Erderwärmung und Artenschwund — S. 58

4. Erarbeitung von Zielvorgaben — S. 62

5. Nutzung von grünem Wasserstoff — S. 69

6. Konsolidierung der Wasserstoffwirtschaft — S. 79

7. Aussichten — S. 90

Literaturverzeichnis — S. 97

1. Bestandsaufnahme

Die Erde ist schon alt. Vor rund 4,6 Milliarden Jahren entstand sie zusammen mit dem gesamten Sonnensystem aus Sternenstaub, der aus mindestens einer vorangegangenen Supernova stammte. Seit dem Urknall vor etwa 13,8 Milliarden Jahren sind fortwährend Sterne explodiert in Form von Supernovae, nachdem sie ihren Wasserstoffvorrat zu Helium verschmolzen hatten, danach das Helium zu Kohlenstoff. Nachdem der Gasdruck im inneren des Sterns zu sehr abgenommen hatte, fiel der Stern durch übermächtig werdende Gravitation in sich zusammen und stieß die äußere Gashülle ab. Durch diesen Prozess entstanden noch schwerere Elemente. Der Erdkern besteht aus festem bis flüssigem Eisen, vermengt mit Nickel und Einsprengseln von noch schwereren Elementen wie Gold, Blei und Uran, bedeckt von einem Mantel aus leichterem zähflüssigen Gestein und von einer nur bis zu 100 km dünnen Kruste aus leichterem Material. Alle diese Materialien sind Erzeugnisse vergangener Sternexplosionen.

Mit etwas Glück kann die Erde noch einige Milliarden Jahre überdauern, bis unsere Sonne ebenfalls ihr Alter erreicht hat und sich beim Kohlenstoffbrennen soweit ausdehnt, dass sie die inneren Planeten in sich aufnimmt. Bis dahin sind allerdings alle Lebewesen verschmort. Uns bleibt nur zu hoffen, dass unsere Nachfahren in der Zwischenzeit eine neue Wohnstatt gefunden haben werden oder auch mehrere davon. Platz genug hätte unsere Galaxis doch. Es waren inzwischen mehrere Menschen auf dem Mond, und Chinesen und Russen überlegen bereits, dort eine

Forschungsstation zu errichten, die auch anderen Nationen offen stehen soll. Wie hat sich unsere Erde denn in der Vergangenheit entwickelt?

„Ohne ein gewisses Maß an Treibhausgasen läge die bodennahe Weltmitteltemperatur bei -18 Grad Celsius, so dass ein großer Teil des Globus vereist wäre. Als sich vor vier Milliarden Jahren die Erde allmählich abkühlte, entwickelte sich eine Atmosphäre mit hohem Methangehalt, hervorgerufen durch den damals sehr verbreiteten Vulkanismus.

In diese Zeit fiel auch die Kollision der Erde mit einem etwa Mars-großen Planeten oder mehreren Teilen davon, aus der sich der Erdmond bildete:

Das obige Bild stammt aus einem Beitrag von G. Jeffrey Taylor: „Ursprung und Entwicklung des Mondes", erschienen in der Zeitschrift Spektrum der Wissenschaft, September 1994, Seiten 59-61.[1]

In der Folge dieses bisher größten Einschlags konnte die Erde sich wieder erholen. Es gab immer wieder Einschläge von größeren oder kleineren Asteroiden. Häufig verband sich Sauerstoff aus dem Gestein mit dem brennbaren Methan (CH_4)[2], so dass sich Wasser und Kohlenstoffdioxid bilden konnte. Während der Abkühlphase konnte immer häufiger Wasser aus dem Wasserdampf der Atmosphäre abregnen und dadurch kühlende Gewässer bilden.

Es bildeten sich Aminosäuren in den Gewässern, deren Ursprünge durchaus von Asteroiden stammen können. Daran forscht zur Zeit die Wissenschaft. Der Weg zum ersten einzelligen Lebewesen war wohl noch etliche Millionen Jahre weit.

Irgendwann gab es Einzeller, die Chlorophyll nutzten, um mit Hilfe der Sonnenenergie Kohlenstoffdioxid, kurz Kohlendioxid oder CO_2, zu verwerten und Sauerstoff, kurz O_2, abzugeben, und andere Einzeller, die O_2 zur Energieerzeugung nutzten und CO_2 abgaben. Ein Kreislauf bahnte sich an. Es entstanden verbundene Zellen, die zusammenarbeiteten, woraus mehrzellige Lebewesen wurden.

---

1   Taylor, G. Jeffrey: Ursprung und Entwicklung des Mondes. In: Spektrum der Wissenschaft, September 1994, S. 59-61. Vgl. dazu: Olzog, Kurt: Der Mond – Rohstoffquelle und Weltraumbasis. Kapitel 2: Die Entstehung des Mondes, S. 17-38. Vgl. auch: Laufmann, Peter: Der Boden. München 2020, S. 26ff.
2   Olzog, Kurt: Ausbau der Wasserstoffwirtschaft. Norderstedt 2020, S. 61.

Die Mehrzeller schieden sich in CO_2-Atmer wie beispielsweise Algen und Pflanzen, und O_2-Atmer, wie einfache Polypen. Dazwischen siedelten sich Pilzartige an, die in Symbiose mit CO_2-Atmern lebten.

In geologischen Zeiträumen eroberten Pflanzen und Tiere neben den Ozeanen auch das Festland. Im Archaikum und Proterozoikum ging die Entwicklung nur sehr schleppend voran. Es dauerte bis zum Kambrium, das vor 570 Millionen Jahren begann, bis die ersten Trilobiten auftauchten, später kamen kieferlose Fische hinzu, die Schwebstoffe aus dem Wasser filterten. Im Silur, vor 438 Millionen Jahren, gab es dann die ersten kiefertragenden Fische, und im darauffolgenden Devon und Karbon entwickelten sich Bärlapp- und Farngewächse und Koniferen in solchem Ausmaß, dass wir von der Steinkohle und dem Erdöl, die die Sonnenenergie uns damals besorgt hat, seit der Industriellen Revolution zehren können.

Es gab damals auch schon Eiszeiten, kurz vor dem Silur und im Karbon und Perm, in denen die damals üppige Biomasse unter einem Eismantel verdichtet und teilweise verflüssigt wurde. Das ist seit dem 19. Jahrhundert unser Reichtum an fossilen Energierohstoffen.[3]

Der Meeresspiegel schwankte über die Jahrmillionen sehr stark, abhängig von der Temperaturentwicklung beziehungsweise der Vereisung des Planeten. Die Schwankungen der Erdmittel-

---

3   Olzog, Kurt: Bevölkerungsexplosion und Ressourcenverbrauch. Norderstedt 2019, S. 60ff. Vgl. auch: Brunotte, Ernst u. a.(Hg.): Lexikon der Geographie. Heidelberg Berlin 2002, im Band 2 inliegend: Geologische Zeittafel.

temperatur vollzog sich allerdings nur allmählich, außer bei Ereignissen wie zwischen dem Mesozoikum und dem Känozoikum, als ein Meteor die Erde traf und in der Folge viele Lebewesen einschließlich der Dinosaurier ausstarben.

Es entstand neues, widerstandsfähigeres Leben. Entsprechend blieb der Kreislauf der CO_2-Moleküle erhalten. Mit Hilfe des Sonnenlichts und von Wasser nahmen die Pflanzen CO_2 auf und bauten Kohlenwasserstoffe in die wachsenden Fasern ein. Übrig blieb der Sauerstoff als O_2-Molekül und diente den Tieren zur Atmung. Im organischen Kohlenstoffzyklus entfernen Landpflanzen „durch Fotosynthese jährlich 60 Milliarden Tonnen Kohlenstoff aus der Atmosphäre, weitere 90 Milliarden Tonnen entziehen ihr Gas-Wasser-Austausch und Kleinstlebewesen im Ozean."[4] Dieser CO_2-Kreislauf ist geschlossen, so dass in der Atmosphäre bis zum Jahr 1900 rund 280 ppm CO_2 dafür sorgten, dass ein natürlicher Treibhauseffekt bestand. Dieser hielt die bodennahe Weltmitteltemperatur bei rund 14°C mit Ausschlägen in Warm- und Kaltzeiten nach oben und unten. „Zu diesem Effekt tragen Wasserdampf (61%), Kohlendioxid (CO_2, 21%), bodennahes Ozon (O_3, 7%) und andere Gase (11%) bei. Sowohl die atmosphärische Konzentration dieser Treibhausgase als auch die globale Mitteltemperatur sind natürlichen Schwankungen unterworfen. Dies wird zunehmend überlagert durch menschliche Aktivitäten, die zu einer Anreicherung der Treibhausgase und dadurch zu einer globalen Erwärmung führen (»anthropogener Treibhauseffekt«).

---

4   Blanckenburg, Friedhelm von: Der Thermostat der Erde. In: Spektrum der Wissenschaft 3.20, S. 48-57. (ppm=parts per million).

Der 5. Sachstandsbericht (Climate Change 2014) des Intergovernmental Panel on Climate Change (IPCC, Internationale Organisationen) bilanzierte die Erkenntnisse der weltweiten Klimaforschung mit den Worten: »Die Erwärmung des Klimasystems ist eindeutig, und die Veränderungen seit den 1950er Jahren haben über Jahrzehnte bis Jahrtausende nicht ihresgleichen. Die Atmosphäre und die Ozeane haben sich erwärmt, die Schnee- und Eisbedeckung ist zurückgegangen, der Meeresspiegel und die Konzentration der Treibhausgase ist gestiegen.«

Nach Angaben der Weltmeteorologie-Organisation (WMO) ist der Erwärmungstrend nach wie vor ungebrochen. 2016 war das wärmste Jahr seit Beginn der Aufzeichnungen. Die globale Durchschnittstemperatur lag 1,1 °C über dem vorindustriellen Mittelwert und 0,06 °C über der des vormaligen Rekordjahres 2015. Außerdem wurde 2016 der Temperaturanstieg in den ersten Monaten noch durch den starken El Niño 2015/16 verstärkt. Dies führte auch in den Ozeanen zu den höchsten je gemessenen Temperaturen an der Meeresoberfläche. In den hohen Breiten stieg die Temperatur stärker als im globalen Durchschnitt; so lag die Jahresdurchschnittstemperatur auf Svalbard (Norwegen) mit –0,1 °C um 6,5 °C über dem Mittelwert von 1961–90."[5]

Die Grafik „Klimawandel: Globale Durchschnittstemperatur" zeigt die Temperaturveränderung seit 1950. Der Beginn des Temperaturanstiegs liegt allerdings im 19. Jahrhundert. Seitdem

---

5 Der neue Fischer Weltalmanach 2018, S. 693, mit Grafik auf der nächsten Seite. Vgl.: Olzog, Kurt: Energiewende im Klimawandel. 2. Aufl. Norderstedt 2017, S. 112f.

werden Eisenbahnen gebaut und zum Heizen Kohle und später Erdöl verfeuert.

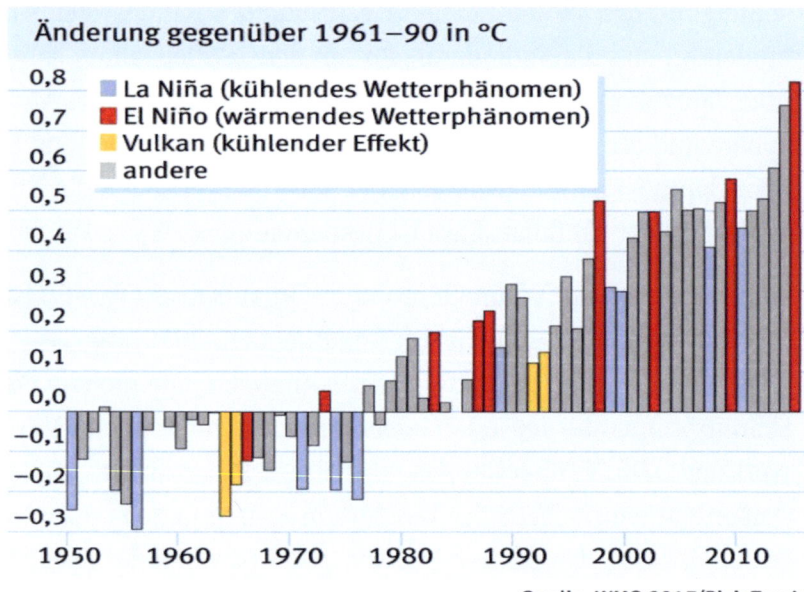

Quelle: WMO 2017/Blair Trewin

„Durch den Verbrauch fossiler Brennstoffe hat der Mensch den CO_2-Anteil in der Atmosphäre etwa seit dem Jahr 1900 bereits von 280 ppm auf mehr als 400 ppm erhöht. Handeln wir nicht sofort, werden wir nach dem pessimistischsten Szenario des Weltklimarats (IPCC) im Jahr 2100 eine Erdatmosphäre mit 1000 und 100 Jahre später sogar mit 2000 ppm CO_2 erleben. Gegen die Menge des CO_2 wie auch die Geschwindigkeit, mit der sie steigt, werden die natürlichen Regulierungsmechanismen nicht schnell genug ankommen. Eine Erde, wie der Mensch sie nie gekannt hat, wird die Folge sein.

Die Enormität dieser Entwicklung wird vielleicht am deutlichsten, wenn man betrachtet, wie lange es dauern wird, bis die Erde den CO_2-Gehalt auf das vorindustrielle Niveau zurückgebracht haben wird. Der Klimawissenschaftler David Archer von der University of Chicago und der Hamburger Klimamodellierer Victor Brovkin vom Max-Planck-Institut für Meteorologie haben das 2008 berechnet: Die Absorption von Kohlenstoffdioxid durch die Ozeane wird dessen Konzentration in der Atmosphäre in rund 3000 Jahren ausgehend von rund 1400 ppm auf 600 ppm reduziert haben. Nach 20000 Jahren wird die Verwitterung von Karbonatgestein den CO_2-Anteil auf 450 ppm gesenkt haben, und erst nach 200000 bis 400000 Jahren wird die [...] Verwitterung von Silikatgestein das ursprüngliche Niveau von 280 ppm wiederhergestellt haben. Ohne Zweifel wäre es besser, wenn der Mensch schnellstmöglich die Finger von diesem unvorstellbaren Experiment ließe."[6]

Die Verursacher dieses Klimawandels sind wir Menschen mit unserem Energiehunger bei gleichzeitiger Bevölkerungsexplosion. Um diesen Prozess aufhalten zu wollen, ist es zu spät. Er lässt sich allerdings verlangsamen. Wie bereits im in Paris 2015 beschlossenen Klimaabkommen vereinbart, will die Weltbevölkerung versuchen, die Erderwärmung auf 1,5°C gegenüber dem vorindustriellen Zeitalter zu begrenzen. Dazu muss man sich klarmachen, welche Parameter sich dazu eignen. Man muss die Treibhausgasemissionen in recht kurzer Zeit stoppen, wie die folgende Grafik „CO_2-Konzentration der Atmosphäre" nahelegt.

---

[6] Blanckenburg, Friedhelm von: Der Thermostat der Erde. In: Spektrum der Wissenschaft 3.20, S. 48-57. (ppm=parts per million).
Vgl.: Olzog, Kurt: Ausbau der Wasserstoffwirtschaft. Norderstedt 2020, S. 14ff.

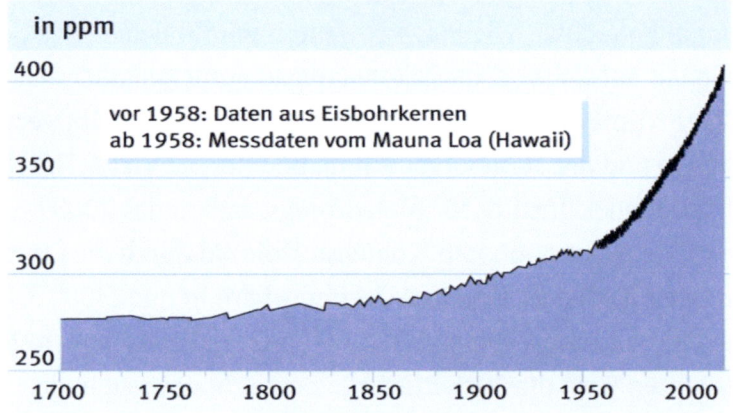

Quelle: Scripps Institution of Oceanography 2017

Angenommen, es gelingt uns, den CO_2-Ausstoß auf Null herunterzufahren, dann blieben die gut 400 ppm CO_2 erst mal in der Atmosphäre und der Treibhauseffekt bliebe erhalten. Damit würden weiterhin Gletscher schmelzen und den Meeresspiegel erhöhen."[8]

Zur Bestandsaufnahme unseres Umgangs mit unserem Heimatplaneten gehört auch die Betrachtung des Umgangs mit der Biodiversität, angefangen bei der Bodenkrume über die Ozeane bis zur Atmosphäre. Am Beispiel aus dem Meer gestiegener Vulkaninseln können wir die Bodenbildung verfolgen, zunächst die Zerkleinerung des Vulkangesteins durch Wind und Wetter, dann die Besiedelung mit ersten Pflanzen wie Meersenf und Strandhafer. Auf Surtsey, einem Vulkan 30 km vor Islands Küste, brüten inzwischen Eissturmvögel und verschiedene Möwenarten und

---

7   Olzog, Kurt: Energiewende im Klimawandel. 2. Auflg. Norderstedt 2017, S. 120. Grafik aus: Der neue Fischer Weltalmanach 2018, S. 694.
8   Olzog, Kurt: Wasserstoff bremst den Klimawandel. Norderstedt 2021, S. 11ff. Siehe auch: Schätzing, Frank: Was, wenn wir einfach die Welt retten?. Köln 2021, S. 75-90.

düngen den Boden. Dadurch wird der Boden fruchtbarer, wobei kleine Organismen wie Mikroben oder etwa Springschwänze den Boden bearbeiten. „Sie werden 1975 erstmals auf Surtsey gefunden. Angelandet sind sie wohl mit Treibgut oder im Gefieder von Vögeln. Oder sie kamen übers Meer, denn sie können wochenlang im Salzwasser treiben. Kaum spült sie eine Welle an eine ungastliche Küste, fangen sie mit ihrer Pioniertätigkeit an. Wie Fallschirmjäger hinter feindlichen Linien. Nur dass die Springschwänze Leben bringen.

Stück für Stück hat sich Surtsey von einem unbelebten Felshaufen zu einem Außenposten des Lebens gemausert. Doch mit dem Labor Surtsey könnte es in nicht allzu ferner Zeit wieder vorbei sein. Zumindest in geologischen Zeiträumen. Der Atlantik bearbeitet die Insel bereits seit ihrer Entstehung. Mittlerweile hat sie mehr als die Hälfte ihrer ursprünglichen Größe eingebüßt. Die Böden der Insel werden vermutlich nicht die Chance haben, über einen langen Zeitraum zu reifen und sich zu verändern. Die Insel wird wieder untergehen, und vielleicht entsteht an anderer Stelle eine neue Insel, die wieder zu einem Labor des Lebens wird.

Anderswo auf der Welt hatte die Natur mehr Zeit, den Untergrund zu verändern. Wenn ihr Klimaänderungen nicht einen Strich durch die Rechnung machten. Selbst in Europa kann man zuschauen, wie Böden sich entwickeln. Wenn man so will, läuft unser Freiluftexperiment nur ein wenig länger als das auf Surtsey. Sagen wir: 10000 Jahre."[9]

---

9   Laufmann, Peter: Der Boden. Das Universum unter unseren Füßen. München 2020, S. 30f.

Seit dieser Zeit zogen sich die Gletscher über Skandinavien, Alaska und Sibirien sowie über den Gebirgen allmählich zurück. Von den Alpen aus reichten die Gletscher damals bis etwa zur heutigen Position Münchens. Zu der Zeit war soviel Wasser im Eis der Gletscher gebunden, dass die Beringstraße zwischen Sibirien und Alaska trocken lag und zu Fuß bewältigt werden konnte. Während der Eiszeiten konnten Gruppen des Homo Sapiens problemlos Amerika besiedeln. Viele Mammuts und Wollnashörner fielen dem Appetit der Menschen zum Opfer und sind seitdem ausgestorben.[10]

Auch im Norden schoben sich Gletscher über die Felsen und zerkleinerten dabei das Gestein. Es entstand Sand und Schluff, die je nach Korngröße mehr oder weniger weit vom Wind verweht wurden. „Nur die feinsten Partikel trug der Wind weiter mit sich, manchmal Hunderte von Kilometern, bis sie im Lee eines Berges oder in einem anderen Flusstal eine neue Bleibe fanden. Und der Wind blies stetig weiter und trug Schicht um Schicht dieser feinsten Körnchen zusammen. Die meisten sind lediglich zwischen 0,002 bis 0,063 Millimeter klein, zum Vergleich: 0,07 Millimeter misst das durchschnittliche Haar eines Mitteleuropäers. Schluff heißt diese Kategorie von Gesteinsfragmenten in der Sprache der Bodenkundler. Wenn man sie genau betrachtet, sind sie alles andere als einheitlich; es sind größtenteils feine Quarzpartikel, dazwischen Reste von Kalkstein. Eine Spur Eisen macht ihn gelb, eine größere Portion Eisen lässt ihn rot werden.

---

10 Olzog, Kurt: Bevölkerungsexplosion und Ressourcenverbrauch. Norderstedt 2019, vgl. S. 8ff.

Die große Umverteilung des Schluffs ging über Tausende von Jahren so, bis die Gletscher sich schließlich vor rund 10000 Jahren endgültig zurückzogen. Endlich wurde das Land wieder feuchter und lebendiger. Die Bäume kehrten zurück und begrünten die ehemalige Kältesteppe. Übrig blieben die großen Pakete aus Staub. Der Wind hatte im Schnitt zwischen drei und zehn Meter mächtige Schichten zusammengefegt, mancherorts zeugen aber auch 40 Meter dicke Sedimente von seinem Fleiß. Natürlich haben Bodenkundler ein Wort dafür: Löss nennt man sie. Der deutsche Mineraloge Karl Cäsar Ritter von Leonhard hat den Begriff 1823 eingeführt, als er eben genau solche Formationen bei Heidelberg beschrieb. Das Wort stammt aus dem Alemannischen, dort bedeutet *lösch* soviel wie „locker".

Es beschreibt damit treffend, dass Löss sehr luftig abgelagert wurde. Solche Lössauflagen bedecken ungefähr ein Zehntel der gesamten Landoberfläche. Sie sind sozusagen allgegenwärtig. Sie sind Relikte der Eiszeit. [...] Ganz grob folgt so ein Band aus Löss der ehemaligen Vereisungsgrenze; von Frankreich an den deutschen Mittelgebirgen vorbei, weiter nach Osten, über Südrussland bis nach China. Auch im Süden der USA und in Argentinien hat sich Löss angesammelt. In Deutschland findet sich das angewehte Sediment beispielsweise in der Hildesheimer Börde, in der Lausitz oder am Kaiserstuhl."[11]

Durch Verwitterung bildeten sich aus dem Löss Braunerde, Parabraunerde, Schwarzerde und weitere Böden. Diese Böden waren so fruchtbar, dass die Menschen begannen, darauf Ackerbau zu betreiben. Auch ältere Böden wurden allmählich bearbeitet. Man

---
11 Laufmann, Peter: Der Boden. München 2020, S. 34f.

begann, steinigere Böden von den gröbsten Steinen zu befreien und in Hanglagen daraus Steinmauern zu errichten. Diese Phase wird als landwirtschaftliche Revolution bezeichnet. Ihr Beginn dürfte vor 12000 Jahren gewesen sein und sich von den fruchtbaren Gebieten zwischen Euphrat und Tigris über die Nil-Anrainer nach Europa ausgeweitet haben.[12]

Landwirtschaft und Viehzucht machten die Menschen unabhängiger vom Früchtesammeln und von der Jagd; die Nahrungsgrundlagen wurden vielfältiger. Hungersnöte wurden seltener und hingen eher von ausbleibendem Regen ab oder von großen Vulkanausbrüchen, deren Auswürfe in weiteren Gebieten zu lange die Sonne verdeckten.

Pest und Cholera konnten zuweilen große Teile der Bevölkerung auslöschen. Auch Glaubenskriege führten zu hohen Verlusten.[13]

Die Landwirtschaft behielt ihre Bedeutung, und clevere Edelleute konnten mit ihren Bauern, die lange als Leibeigene gehalten wurden, Reichtümer erwirtschaften. Revolutionen brachten etwas Unruhe in die Gesellschaft, Edelleute wurden geköpft und das Land an die Bauern verteilt.

Nach der Entdeckung Amerikas und dem Verbot des Sklavenhandels, der französischen Revolution und der Unabhängigkeitserklärung der USA häuften sich Erfindungen und Entdeckungen. Die Dampfmaschine wurde erfunden, außerdem Elektrizität. Man baute Dampflokomotiven und Schienenwege aus Eisen. Dafür

---

12 Harari, Yuval Noah: Eine kurze Geschichte der Menschheit. München 2013, vgl. S. 11.
13 Olzog, Kurt: Globalisierung der Politik. Norderstedt 2018, vgl. S. 111f.

wurden Arbeitskräfte gebraucht. Viel Kohle und eisenhaltige Erde musste geschürft werden, um Eisenbahnen bauen zu können.[14]

Die erste industrielle Revolution bahnte sich an. Es wurde soviel Kohle gefördert, dass man sogar Häuser damit heizen konnte. Es gab immer seltener Lungenentzündungen, und die Idee von der Hygiene kam auf, da sich Bergleute nach ihrer Arbeit waschen mussten. In der Folge gab es weniger Tote und mehr Kinder. Die Bevölkerung begann zu explodieren und weitere Arbeitskräfte zu erzeugen.

Dampfmaschinen unterstützten Menschen beim Weben von Textilien und brachten Dampfloks mittlerweile auf eine rasante Geschwindigkeit von mehr als 30 Kilometer pro Stunde. Manche Ärzte warnten vor dieser Raserei. Glühlampen beleuchteten Städte und Wohnungen, und Carl Benz entwickelte 1885 das Automobil, das nun seinen Siegeszug antrat. Zum Betrieb brauchte man Benzin, das damals noch in Apotheken erhältlich war als Waschbenzin. Es wurden bald Autos gebaut, die viel Benzin brauchten, das wiederum aus Erdöl hergestellt wurde. So erstarkte die Erdölindustrie und wurde durch den Autoboom zu einem zentralen Wirtschaftsfaktor. Man begann, Wohnungen mit Erdöl zu heizen statt mit dreckiger Kohle. Für die Gesundheit der Lungen war das ein Fortschritt, und die Bevölkerung wuchs immer weiter. Die Luft wurde sauberer. Dampfloks und Dampfschiffe wurden durch Diesel-Loks und durch Schiffe mit Dieselantrieb ersetzt.[15]

---
14 Ebenda, vgl. ab S. 124.
15 Olzog, Kurt: Bevölkerungsexplosion und Ressourcenverbrauch. Norderstedt 2019, vgl. S. 60ff.

Während dieser Zeit machte die medizinische Entwicklung erhebliche Fortschritte. Das führte dazu, dass immer seltener Frauen an Kindbettfieber starben und dass Kinder häufiger das erste Lebensjahr überlebten. Die Lebenserwartung stieg, und so wuchs die Bevölkerung weiter an. Auch die Weltkriege vermochten trotz zig Millionen Toter nicht, das Bevölkerungswachstum zu stoppen. Das gelang erst durch die Entwicklung der Anti-Baby-Pille, die ab den 1960er Jahren zum sogenannten Pillenknick führte. Seitdem nimmt in Europa die Bevölkerung allmählich wieder ab. In Afrika dagegen wächst die Bevölkerung nach wie vor rasant. In Asien hat man Maßnahmen ergriffen, um das Bevölkerungswachstum zu verlangsamen. „Betrachtet man die Altersgliederung, so sieht man, dass die mittleren Jahrgänge in der Breite zum Alter hin wandern und immer weniger junge Menschen nachwachsen.

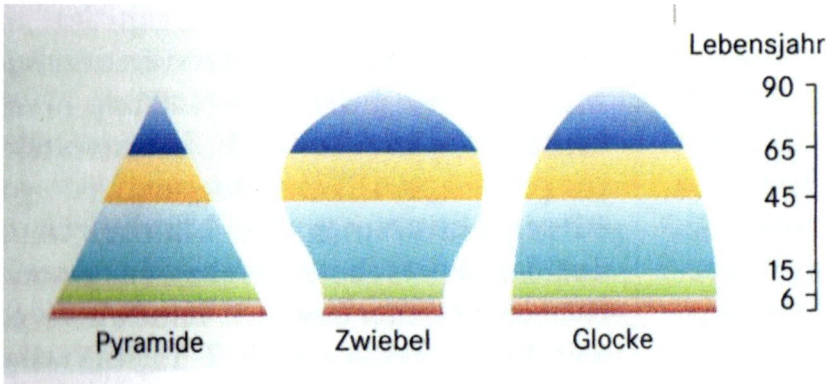

Bei gleichmäßig wachsender Bevölkerung ergibt sich eine Pyramide, wie beispielsweise in Afrika, während bei abnehmendem Bevölkerungswachstum eine Glocke entsteht, wie etwa in Asien. Bei einer schrumpfenden Bevölkerung und steigender

Lebenserwartung ergibt sich die Zwiebelform, wie in Europa."[16] Inzwischen leben 7,77 Milliarden Menschen auf dem Globus. Für das Jahr 2025 wird eine Wachstumsrate der Bevölkerung von 1,1% angenommen, das bedeutet einen Anstieg auf 8 Milliarden Menschen. 2050 rechnet man mit einer Rate von 0,6 % bei dann 9,5 Milliarden Menschen.[17]

Diese vielen Milliarden Menschen wollen ernährt werden, und so hat man, ausgehend von den industrialisierten Ländern, den Agrarsektor industrialisiert, und zwar seit den 1960er Jahren. Immer weniger Landwirte bearbeiteten immer größere Flächen Agrarland. Aus Weideviehhaltung ist mittlerweile Massentierhaltung geworden. Es gab zunehmend Nebenerwerbslandwirte, die teilweise auch Weinanbau betrieben.

In den letzten Jahrzehnten begann man zu bemerken, dass die ehemals fruchtbaren Böden verarmten. Es wurde daher viel Kunstdünger und Gülle ausgebracht, so dass das Grundwasser davon in Mitleidenschaft gezogen wurde. Monokulturen schützte man mit Pestiziden, Herbiziden und Fungiziden mit der Folge, dass ein Insektensterben zu beobachten war. Die chemische Industrie versorgte die Agrarindustrie mit immer ausgefeilteren Schutzchemikalien für die Nutzpflanzen, die überdies gentechnisch so verändert wurden, dass sie mit den Schutzchemikalien zurecht kamen. Nun begannen einige Politiker aufzuwachen, nicht nur die grünen Naturliebhaber und Naturschützer, die über die

---

16 Ebenda, S. 83ff, Zitat aus S. 91. Vgl: DIE ZEIT: Das Lexikon in 20 Bänden, Band 01, S. 207f, mit Abbildung.
17 Ebenda, S. 83f. Vgl.: DIE ZEIT: Das Lexikon in 20 Bänden, Band 02, S. 168f.

Probleme längst öffentlich geklagt hatten, sondern auch der Industrie näher Stehende. Man überlegte, wie man die Böden auf natürliche Weise wieder anreichern könnte, beispielsweise durch Fruchtfolgen, die den Boden mit Stickstoff anreicherten, der anschließend wieder verwertet werden konnte. Die Massentierhaltung geriet in Verruf, Masse statt Klasse zu erzeugen.

Immer häufiger änderten Landwirte ihre Arbeitsweise, und eine zunehmend auf Qualität bedachte Bio-Landwirtschaft etablierte sich und erhielt Zulauf von immer mehr Kunden und Verbrauchern. Heute kauft man gerne in Bio-Supermärkten ein, deren Angebote sich zunehmend ausweiten und die in wachsenden Bevölkerungsteilen Vertrauen genießen.

Dort bekommt man Obst, Gemüse, Fisch und Fleisch von Bio-Farmen, zertifiziert mit bekannten Qualitätssiegeln, vegane Seife und Duschgel, zertifiziertes Öl und Bio-Essig und Zerealien mit Qualitätssiegel. Dies alles hat seinen Preis, und ärmere Bevölkerungsschichten sind daher weiterhin auf Massenware angewiesen.

Doch auch die herkömmliche industrielle Agrarwirtschaft besinnt sich allmählich besserer Qualität, behutsam unterstützt durch die Politik. Maschinell wird heute mit Hilfe von künstlicher Intelligenz (KI)[18] sparsam gedüngt und gezielt gespritzt und gejätet, teilweise schon mit Fernsteuerung. Fruchtfolge kommt wieder in Mode. Zwischen Feldern werden Blühstreifen für Insekten angelegt. Hecken entstehen zwischen Feldern, so dass der fruchtbare Boden nicht weggeweht werden kann. In China muss in einigen Regionen das Obst von Hand bestäubt werden, da man dort

---
18 Olzog, Kurt: Ausbau der Wasserstoffwirtschaft. Norderstedt 2020, S. 69ff.

systematisch die Insekten ausgerottet hatte. Ein Umdenkprozess entsteht auch dort. Weltweit entwickelt sich ein Lernprozess, der denk-fähigeren Menschen deutlich zeigt, dass wir unsere Lebensgrundlage pfleglich behandeln müssen, wenn wir überleben wollen mit unseren Kindern und Enkeln. Wir möchten uns gerne bei Waldspaziergängen von der täglichen Arbeit erholen und freuen uns, wenn der Wald noch intakt ist. An etlichen Stellen im Wald sind Fichtenmonokulturen bereits abgestorben und werden jetzt durch widerstandsfähigeren Mischwald ersetzt.

Eine ähnliche Entwicklung konnte man in der Fischerei beobachten. Bedingt durch die Bevölkerungsexplosion musste immer mehr Fisch gefangen werden. Es wurden große Schiffe gebaut für den Fischfang mit eingebauten Fischfabriken inklusive großer Kühlräume, die tonnenweise Fische aus den Ozeanen fingen und gleich verarbeiteten. Die Japaner und die Norweger verspeisten gerne Walfleisch und fingen so viele davon, dass Wale fast ausgerottet worden wären. Dagegen wehrte sich die Weltgemeinschaft und sorgte dafür, dass bestimmte Walarten geschützt wurden und nur wenige Wale zu Forschungszwecken gefangen werden durften. Japaner werden trotzdem zuweilen vom Forschungswalfleisch abbekommen.

Auch für Kabeljau und weitere Fischarten werden Kontingente vorgegeben, so dass sich die Populationen immer wieder erholen können. Man hat versucht, Fische zu züchten. Bei Lachsen ist das gelungen. Es gibt Lachsfarmen in Norwegischen Fjorden und an der Chilenischen Küste. Gefüttert wird unter anderem mit Fischmehl vom Beifang, den kein Mensch essen will. Aber auch Wildlachs wird weiterhin gefangen und gelangt in geräucherten

Scheiben in den Bio-Supermarkt. Krabben werden wie schon seit Jahrzehnten in den Küstengewässern gefangen und gleich an Bord verarbeitet.

Nachdem Fische eine der gesündesten Eiweißquellen für uns Menschen sind, nehmen Geflügel den zweiten Platz ein. Also hat man Hühner- und Putenfarmen aufgebaut, und der Verbraucher muss nun wählen, ob er aus Massentierhaltung oder aus Bio-Farmen bedient werden möchte. Die Wildvögel sind nach wie vor rege. Schwalben und andere Zugvögel fliegen teilweise tausende Kilometer weit, im Herbst in den sonnigen Süden, im Frühjahr zurück in die Brutgebiete. Allerdings benötigen Vögel neben Würmern, Mäusen und Amphibien auch Insekten, die Mauersegler und andere Schwalben gerne im Flug fangen und verzehren. Um die Biodiversität zu erhalten, müssen Insekten sich also wieder vermehren.

Die üppigste Biodiversität finden wir in den tropischen Regenwäldern entlang des Äquators. Dort wurde seit jeher von indigenen Völkern Ackerbau betrieben. „Sie ackern von der Hand in den Mund, roden ein kleines Stück und hacken an der Oberfläche, bringen Samen ein und … hoffen. Noch heute ist diese Art der Landwirtschaft weitverbreitet. Vor allem in den Tropen.

Ungleich schwieriger war und ist es nämlich, den typischen Böden der Tropen etwas abzutrotzen. Es scheint paradox, doch die scheinbar unendliche Fruchtbarkeit der tropischen Regenwälder ist in Wirklichkeit das glatte Gegenteil. Das System basiert auf schnellem und konsequentem Recycling aller Nährstoffe. Ein Bauer nun muss, damit ihm die Natur in Gestalt von Wind und

Regen nicht gleich wieder alles wegnimmt, versuchen, sich diese Nährstoffe unverzüglich nutzbar zu machen. Die gängige Methode ist immer noch, eine Parzelle Regenwald abzuholzen oder gar abzubrennen und dann schnell auf den allenfalls noch mit der Asche gedüngten Böden zu säen oder zu pflanzen. Nach kurzer Zeit sind die wenigen Nährstoffe verbraucht, und der Bauer muss ein neues Stück Wald roden.

Kein Wunder, dass diese Form der Landnutzung mühselig ist und extrem viel Platz braucht. Es dauert Jahre, bis sich auf den Freiflächen ein sogenannter sekundärer Regenwald angesiedelt und wieder eine dünne Humusschicht angesammelt hat. Man rechnet mit zehn, mitunter sogar mit 25 Jahren Brache. Die Böden der Regenwälder sind also trotz des üppigen Pflanzenwachstums kaum in der Lage, einen Bauern zu ernähren. In diesem Konzept der sogenannten *shifting cultivation* braucht es keine Bodenbeurteilung. Man nimmt, was man kriegt.

Doch es gibt auch Bodennutzungskonzepte, die schon vor langer Zeit einen Garten aus dem Dschungel gemacht haben. *Terra preta*, „schwarze Erde", heißt das Zauberwort. Dabei handelt es sich um einen menschengemachten Boden, der die Nachteile der ursprünglichen Krume abfedert. Offenbar gab es bereits vor 1500 Jahren Menschen, die die Schwäche der Tropenböden erkannt und Mittel gefunden haben, um diese auszugleichen.

Immer wieder stößt man zwischen den nahezu unfruchtbaren roten Böden auf Flecken, die pechschwarz sind. Bis zu 20 Prozent der Erde besteht aus Humus. Das ist selbst im Vergleich zu unseren Gartenböden Rekord. Die bringen es auf fünf Prozent. Die

Menge an Phosphor und Stickstoff ist fünfmal höher. Kein Zweifel, aus dieser Erde sind Bauernträume gemacht.

Das Geheimnis der *Terra preta* ist Kohle. Und Zeit. Und Knochen, Fleisch- und Fischreste, Fäkalien, Dung, Kompost, Scherben. Und Zeit. Noch mehr Zeit. Es dauerte wohl Jahre bis Jahrzehnte, bis so ein Boden fertig war. Hinzu kommt, dass die organischen Komponenten offenbar in Tonkrügen vergoren wurden.

Die Kohle, aus Holz und abgestorbenen Pflanzen, ist dabei das stützende Element. Durch ihre offene Struktur kann sie Wasser und Nährstoffe gut speichern und dennoch an die Pflanzen abgeben. Zudem verrottet sie extrem langsam, 2000 Jahre braucht es wohl. Der ganze Mix aus Nährstoffen bietet Mikroorganismen beste Bedingungen. Ein Teil von ihnen gelangt in tiefere Bodenschichten und bildet ein bis zu zwei Meter mächtiges Reservoir. Bodenkundler bezeichnen solch einen Bodentypus als Hortisol (aus lateinisch *hortus*, „Garten", und *solum*, „Boden"), also einen menschgemachten Boden, ein seit Jahrhunderten unter Kultur stehendes Substrat.

Die Entdeckung dieser Wundererde im Amazonas-Becken wirft ein ganz anderes Licht auf die Region; früher nahm man an, dass sich dort Hochkulturen kaum entwickeln konnten. Zu unwirtlich schien die Gegend. Allenfalls Jäger- und Sammlervölker fänden dort ihr Auskommen. So wie sie es vereinzelt auch heute noch tun. Mit der *Terra preta* ändern sich die Voraussetzungen. Jetzt scheint es möglich, dass dort fünf bis 25 Millionen Menschen gelebt haben könnten. […]

Terra preta ist das Vermächtnis dieser verschwundenen Zivilisation. Im Grunde ist sie die Antwort auf die Frage, wie dauerhaft etwas auf den armen Böden wachsen könnte. Es ist eine Form der konsequenten und beispielhaften Kreislaufwirtschaft. Forscher adaptieren das Grundkonzept und übersetzen es für die Bedürfnisse von heute. Die Arbeitsgruppe Geoökologie an der Freien Universität Berlin arbeitet beispielsweise an einer praxisnahen Umsetzung; das reicht von einer Pyrolyseanlage, in der Holzabfälle verkohlt werden, bis hin zur Verwendung aller organischen Abfälle. Das Projekt startete 2010, und schon bald zeigte sich, dass durch die Mischung von Kohle und Kompost Nährstoffe nicht mehr so leicht ausgewaschen werden, dass die Erde besser riecht und weniger Treibhausgase in die Atmosphäre gelangen. Obendrein spart man sich Torf zur Bodenauflockerung und sogar Heizkosten, denn die Wärme der Pyrolyse kann natürlich genutzt werden. Gerade das sogenannte *urban farming* könnte von den Ergebnissen des Projekts profitieren, also der Anbau von Obst, Gemüse und sogar Getreide direkt in unseren Städten. Das System erscheint so simpel, dass man sich fragt, warum man nicht schon früher darauf gekommen ist."[19]

Inzwischen weiß man, dass nicht nur Wälder, sondern auch Moore gute CO_2-Senken sind. Deshalb ist man bestrebt, trocken gelegte Moore wieder zu reaktivieren. Das *urban farming* kann ausgleichende Bearbeitungsflächen bieten und außerdem als CO_2-Senke dienen. Zum *urban farming* gehört auch die Anbaumöglichkeit im Wintergarten, wo man mit Hilfe spezieller LED-Lampen auch im

---
19 Laufmann, Peter: Der Boden. München 2020, S. 78ff

Winter Obst und Gemüse gedeihen lassen kann. Erdboden wird dafür nicht einmal benötigt. Man verwendet eine spezielle Nährlösung, die regelmäßig an die Wurzeln gesprüht wird, wonach das Wasser wieder aufbereitet wird.[20]

In der aktuellen Gesetzgebung wurden Erleichterungen für die Nutzung von Fotovoltaik beschlossen, so dass nun auch Mieter auf ihren Balkonen Fotovoltaikanlagen bis zu einer bestimmten Leistung installieren und an den Stromkreis anschließen dürfen. Dies führt zu einer weiteren Dezentralisierung der Stromversorgung. Damit nicht genug.

Schornsteine einer Raffinerie in Köln-Godorf (Geisler-Fotopress)

Im Deutschlandfunk vom 30. April 2021 wird berichtet, dass die Bundesregierung zügige Anpassung des Gesetzes anstrebe. Voraufgegangen war am Vortag ein Urteil des Bundesverfassungsgerichts, das die bisherige Klimagesetzgebung teilweise für

---

20 Olzog, Kurt: Der Mond – Rohstoffquelle und Weltraumbasis. Norderstedt 2017, S. 66f.

verfassungswidrig erklärt hatte. „Ein Sprecher sagte in Berlin, man werde alles daran setzen, in dieser Legislaturperiode einen Entwurf vorzulegen. Das Bundesverfassungsgericht hatte den Gesetzgeber verpflichtet, bis Ende kommenden Jahres die Reduktionsziele für Treibhausgas-Emissionen nach dem Jahr 2030 genauer zu regeln.

Bundesfinanzminister Scholz (SPD) erklärte, wenn man die Ziele ehrgeiziger gestalten wolle, führe das entweder zu höheren Investitionen der Industrie oder zu höheren CO_2-Preisen. Ähnlich äußerte sich CSU-Generalsekretär Blume im Interview der Woche des Deutschlandfunks. Eine Klimasteuerreform könnte zum Gegenstand haben, dass man über einen höheren CO_2-Preis rede. Blume plädierte zugleich für eine Entlastung der Bevölkerung, etwa bei der Stromsteuer."[21]

Die Coronapandemie mit dem Virus SarsCov2 behindert den Kampf gegen den Klimawandel erheblich. Andererseits erlaubt sie, finanzielle Mittel locker zu machen, die es ermöglichen, den Strukturwandel weg von Kohle, Erdöl und Erdgas hin zu grünem Wasserstoff auf den Weg zu bringen, und zwar Jahre früher, als zuvor geplant war.[22]

---

21 https://www.deutschlandfunk.de/klimaschutz-bundesregierung-strebt-zuegige-anpassung-des.1939.de.html?drn:news_id=1254133, mit Abbildung auf der vorherigen Seite.
22 Coronapandemie, eine weltweit grassierende Virusseuche mit dem Virus SarsCov2, die bereits Hunderttausende Tote verursachte und die jetzt mit mehreren Impfstoffen bekämpft werden kann. Ihr Ausbruch wird in Wuhan in China vermutet, wo das Virus Ende 2019 vermutlich von Tieren auf den Menschen übergegriffen hat.

2. Bevölkerungsentwicklung

Die unbelebte wie die belebte Natur befanden sich über hunderte Millionen bis Milliarden Jahre hinweg in einem regen Austausch. Die belebte Natur nahm von der unbelebten an Mineralien soviel, wie sie brauchte. Innerhalb der belebten Natur stellte sich eine Nahrungskette ein, in der sich ein Kreislauf bildete: Größere Lebewesen fraßen kleinere, und nach dem Ableben der Großen wurden deren Überreste von Kleineren wieder zerlegt und verdaut.

Das setzt sich bis heute fort. Auch der Mensch, eines der geologisch jüngsten Lebewesen auf dem Globus, ist diesem Kreislauf unterworfen. Die Hominiden entwickelten sich seit mehr als zehn Millionen Jahren durch Mutationen im Genom, durch die sich das Gehirn allmählich vergrößerte, dadurch aber auch mehr Nahrung brauchte. Die Fähigkeiten des Gehirns führten zu besseren Jagd- und Sammelmethoden und nach etlichen Jahrmillionen der Entwicklung auch zu Methoden des Ackerbaus und der Viehzucht. Der Mensch machte sich dadurch unabhängiger von den Notwendigkeiten der Jagd und des Früchte- und Wurzelsammelns.

Viehhalter waren häufig Nomaden, die auf Weidesuche durch die Natur wanderten. Dabei kamen sie häufig den Ackerbauern ins Gehege, deren Getreide dem Vieh vorzüglich mundete. Manchmal wurde gehandelt, häufig aber schlugen sich Viehhalter und Ackerbauern gegenseitig die Schädel ein. Im Laufe der Jahrtausende entwickelte der Handel sich weltweit und ermöglichte es den Menschen, sich allmählich zu vermehren und immer weiter auf den Globus auszudehnen. „Vor rund 10 000 Jahren war die Weltbevölkerung schätzungsweise bereits auf fünf Millionen Menschen angewachsen. Für eine Verdopplung der Anzahl brauchten die Menschen damals einige tausend Jahre. Bis zur Zeitenwende vor gut 2000 Jahren hatten sich die Menschen auf über 200 Millionen vermehrt. Vor 500 Jahren lebten bereits etwa 500 Millionen Menschen auf dem Globus, zu verdanken hauptsächlich dem Ackerbau und der Viehzucht. Von nun an beschleunigte sich das Bevölkerungswachstum nahezu stetig.

Trotz der Katastrophen wie Pest und Dreißigjähriger Krieg wuchs die Weltbevölkerung bis 1750 auf mehr als 600 Millionen an und übertraf 100 Jahre später bereits die Marke von einer Milliarde. Um 1900 lebten bereits mehr als 1,5 Milliarden Menschen auf der Erde. Bis dahin war die Verdopplungszeit auf 139 Jahre gefallen. Seit dieser Zeit, dem Beginn der Industrialisierung, veränderte sich die Vermehrungsrate. Lebten im Jahr 1950 noch 2,5 Milliarden auf dem Globus, waren es 20 Jahre später bereits rund 3,7 Milliarden. Die Wachstumsrate war auf 2 % gestiegen, die Verdopplungszeit auf 34 Jahre gefallen.

Seit dieser Zeit fiel die Wachstumsrate ganz allmählich wieder, so dass sie im Jahr 2000 1,4 % erreichte bei inzwischen mehr als 6 Milliarden Weltbewohnern. Für das Jahr 2025 wird eine Wachstumsrate von 1,1 % angenommen. Die Weltbevölkerung wird dann auf rund 8 Milliarden angestiegen sein. Weitere 25 Jahre später könnte die Wachstumsrate 0,6 % betragen bei einer dann erreichten Weltbevölkerung von rund 9,5 Milliarden Menschen."[23]

---

[23] Olzog, Kurt: Bevölkerungsexplosion und Ressourcenverbrauch. S. 83f. Vgl.: DIE ZEIT: Das Lexikon in 20 Bänden, Band 02, S. 168f.

Wie kam es zu dieser Bevölkerungsexplosion in den letzten rund 200 Jahren? Um das zu verstehen muss man sich die medizinische Entwicklung vergegenwärtigen und dabei berücksichtigen, dass seit dem Jahr 1830 die industrielle Revolution ihren Anfang nahm. „Erinnern wir uns an Hippokrates, der 400 Jahre vor der Zeitenwende gelebt hat. Er begründete die Medizin auf natürlicher Basis und erarbeitete eine allgemeine Krankheitslehre. Allgemein bekannt ist der hippokratische Eid, der verlangt, dass ein Arzt das Leben eines Patienten erhalten und verlängern muss, solange es möglich ist. Diokles von Karystos begründete eine Diätetik und die Grundlagen der Hygiene. 100 Jahre nach Christus schrieb Soranus ein Lehrbuch der Geburtshilfe (Gynaikeia). 1150 entwarf Hildegard von Bingen eine Natur- und Heilkunde. Um 1500 entwarf Paracelsus ein Werk einer umfassenden Heilkunst und Lebenskunde. 1747 entdeckte ein englischer Arzt namens James Lind, dass Seefahrer mit Hilfe von Zitrusfrüchten oder Sauerkraut kein Skorbut mehr bekamen, woran schon Millionen Seeleute gestorben waren. James Cook war der Nutznießer und die englischen Seefahrer eroberten die Weltmeere. 1796 gelangen Edward Jenner erfolgreiche Impfungen gegen Pocken. 1895 entdeckte Conrad Röntgen die nach ihm benannten Röntgenstrahlen. 1942 führten Alexander Fleming und Kollegen das Penicillin ein. 1953 führte Jonas E. Salk die Schutzimpfung gegen Kinderlähmung ein. 1967 erfolgte die erste Herztransplantation durch Christian N. Banard. 1982 wurde die Kernspintomographie eingeführt. Außerdem wurde Humaninsulin als erste medizinisch wichtige Substanz gentechnologisch erzeugt. Ein Jahr später entdeckten Luc Montagnier und Robert C. Gallo den Aids-Erreger. 1991 gelang Stanley B. Prusiner die Isolierung der Prionen als Erreger des Rinderwahnsinns (BSE) und der Creuzfeld-Jakob-Krankheit. Im Jahr 2000 gelang die Entschlüsselung der Erbinformation des Menschen zu 90 %."[24]

Im Jahr 2019 brach im letzten Quartal eine Seuche in China aus, genauer in der Millionenstadt Wuhan, als ein Virus von Tieren auf den Menschen übergriff. Nach neuesten Untersuchungen stammt das Virus von Fledermäusen und gelangte wohl über einen Zwischenwirt zum Menschen. Man identifizierte das Virus als Coronavirus und bezeichnete es in Anlehnung an ältere Coronaviren als SarsCov2. Das Genom wurde sequenziert und mehrere Forschungsfirmen begannen, Gegenmittel zu entwickeln. In bisher nicht erreichter Geschwindigkeit hatte die Firma BioNTech, ansässig in Mainz, einen mRNA-Impfstoff entwickelt und in drei Testphasen sowohl die Wirksamkeit als auch die Unbedenklichkeit bezüglich Nebenwirkungen nachgewiesen. Die Produktion geschieht zusammen mit dem US-Amerikanischen Pharmariesen Pfizer. Die neue Impfstofftechnologie mRNA (messenger RNA, zu Deutsch Boten-Ribonukleinsäure) bedeutet, dass bestimmte Hüllenproteine des Virus in den menschlichen Körper eingeschleust werden, der dann die eigentliche Immunantwort erzeugt.

Inzwischen wurden weitere mRNA- und Vektorimpfstoffe zugelassen und die Impfaktion ist weltweit in vollem Gange.[25]

---

24 Ebenda, S. 89f. Vgl.: DIE ZEIT: Das Lexikon in 20 Bänden, Band 09, S. 444ff. Siehe auch: Yuval Noah Harari: Eine kurze Geschichte der Menschheit. S. 338.
25 Vektorimpfstoffe nutzen abgetötete oder abgeschwächte Viren als Proteinfähren, um im menschlichen Körper die Immunantwort auszulösen.

„Während sich die Erfolgsgeschichte der Medizin weiter fortsetzt, ist zu erwarten, das die Lebenserwartung der Menschen kontinuierlich zunimmt. Frauen wie Männer leben länger, bleiben länger gesund und genießen im Alter immer länger das Rentnerdasein. Es gibt zunehmende Erfolge bei der Heilung gefährlicher Erkrankungen wie Krebs, bei der Bekämpfung von Aids und anderen Virusinfektionen. Gegen bestimmte Krankheiten werden Impfungen angeboten, so gegen Masern, Röteln, Windpocken, Kinderlähmung etc. Die Bill-und-Melinda-Gates-Stiftung bekämpft seit Jahren die Malaria mit zunehmendem Erfolg. Wenn nur die Unterernährung in Afrika nicht so groß wäre! Während auf den anderen Kontinenten die Familienplanung mit Hilfe der Anti-Baby-Pille und anderen Verhütungsmethoden zu einem langsameren Bevölkerungswachstum geführt hat, in Europa sogar zu einem Bevölkerungsrückgang, explodiert die Bevölkerung in Afrika weiterhin. Durch Spenden an Hilfsorganisationen werden Nahrungsmittelhilfen in Afrika ermöglicht, was die Geburtenrate allerdings nicht zurückgehen lässt. In China hat die Regierung im vorigen Jahrhundert die Ein-Kind-Politik eingeführt, die pro Familie nur ein Kind erlaubte. Inzwischen ist dort die Bevölkerungsexplosion gestoppt und es kommt zu einer Gegenbewegung, um die Alterung der Gesellschaft nicht zu stark werden zu lassen."[26]

Wie hängt denn nun die industrielle Revolution mit der Erfolgsgeschichte der Medizin zusammen? Beide haben eine gemeinsame Wurzel. Eine wesentliche Rolle spielte die Befreiung des Denkens. Nach der Wiederentdeckung Amerikas sprach sich ab dem

---
26 Ebenda, S. 90f.

16. Jahrhundert herum, dass die Erde keine Scheibe sei, sondern eine Kugel. Man fand heraus, dass nicht die Sonne sich um die Erde drehte, sondern umgekehrt die Erde um die Sonne, wie auch alle anderen Planeten. Man erfand technische Instrumente wie Teleskope und Mikroskope und entwickelte sie weiter. Sowohl Astronomen als auch Mediziner bekamen dadurch Werkzeuge in die Hand, die die Welt im Großen wie im Kleinen immer detaillierter zeigten. Vermutungen und Theorien konnten überprüft werden. Eine Flut von Erfindungen kündigte sich an.

„Die Weltwirtschaft blühte auf, Tüftler erfanden den mechanischen Webstuhl. Tücher und Teppiche wurden dadurch billiger. Es gab immer neue Erfindungen. Auf die Entdeckungen und Eroberungen der Kontinente folgte mit zunehmender Aufklärung die sogenannte industrielle Revolution. In England wurde der erste mit Koks befeuerte Hochofen zur Stahlerzeugung gebaut. Es wurden Eisenschienen als Transportwege gebaut und anschließend Dampfmaschinen als Antrieb für Lokomotiven eingesetzt. Es entstand ein Eisenbahnnetz, auf dem die Loks Personen und Güter mit irrsinniger Geschwindigkeit von mehr als 30 km/h befördern konnten. Diese Technik wurde während des 19. Jahrhunderts in der ganzen Welt verbreitet.

Es gab die Bruderkriege zwischen Frankreich und Deutschland, auch die Donaumonarchie war betroffen. Die USA und Japan entwickelten sich zu Großmächten, während Europa 1914 in einem schönen Sommer durch einen Zwischenfall gestört wurde. Am 28. Juni 1914 wurden der österreichische Thronfolger Franz Ferdinand und seine Frau von einem Serben erschossen. Das wollte Österreich nicht hinnehmen und plante eine Bestrafungsaktion, obwohl Russland als Schutzmacht der Serben sich dagegen wandte. Deutschland fühlte sich Österreich verbunden und unterstützte dessen Bestrebung, so dass man fast aus Versehen in den ersten Weltkrieg hineinschlitterte.

Es entwickelte sich ein Krieg gegen Russland und Frankreich, in dessen Verlauf Millionen von Soldaten fielen.

Im Verlauf dieses Krieges gab es 1917 in Russland eine erfolgreiche Revolution gegen den Zaren. Großbritannien war an Frankreichs Seite in den Krieg eingetreten, und schließlich beteiligten sich auch die USA. Die Amerikaner brachten Panzer mit, die stärker motorisiert waren als die ersten Automobile und maßgeblich zum Sieg im Jahr 1918 beitrugen.

Der Blutzoll des Ersten Weltkriegs wird mit 20 817 000 Toten beziffert. Das waren mehr als doppelt so viele Tote wie während des Dreißigjährigen Krieges von 1618 bis 1648, in dem rund acht Millionen Menschen getötet worden waren.[27]

Bereits im Jahr 1885 war das Automobil von Carl Benz entwickelt worden, die ersten Automobile kamen auf den Markt und wurden weltweit zu einem weiteren Entwicklungsschritt in der industriellen Revolution.[28] Die Amerikaner waren in der Vermarktung und Weiterentwicklung sehr erfolgreich.

Auch auf militärischem Gebiet setzten sie die Technik des Automobils erfolgreicher ein als die Europäer. So konnten sie unter anderem mit den besseren Panzern den Ersten Weltkrieg entschei-

---

27 Holz, Matthias und Schönauer, Mats: 400 Jahre Blutzoll. In: DIE ZEIT Nr. 21 vom 17. Mai 2018, S. 40.
28 https://de.wikipedia.org/wiki/Carl_Benz.

den. Der deutsche Kaiser musste abdanken, und es entwickelte sich eine Republik.

Weltweit begann nun die Wirtschaft wieder zu wachsen, Die Dampfschifffahrt brachte Güter über den Atlantik und den Pazifik, unabhängig von den Winden. Die Eisenbahnen brachten Güter und Personen über die Kontinente und Inseln. Henry Ford begann bereits im Jahr 1913, mit Fließbändern zu produzieren. Das führte zu bezahlbaren Autos, und die Mittelständler konnten sich ein solches Gefährt immer häufiger leisten. Die Fließbandarbeit war allerdings hart und eintönig, und es kam überall dort, wo sie eingeführt wurde, zu Protesten. Von Henry Ford ist der Satz bekannt: „Autos kaufen keine Autos". Entsprechend gut bezahlte er seine Arbeiter und versuchte, die Fließbandarbeit zu erleichtern.[29]

Die Lokomotiven und Dampfschiffe fuhren allerdings noch mit Kohle, die unter Tage, auch mit Kinderarbeit, in England und Deutschland gewonnen wurde. Die Arbeitsbedingungen waren oft erbärmlich, so dass sich schon im 19. Jahrhundert Arbeiterparteien gebildet hatten, um Verbesserungen herbeizuführen. Zudem wurden die Hochöfen für die Eisenerzgewinnung durch Koks beheizt, und die Arbeit war gefährlich und hart.

Im Oktober 1929 wurde die weltweit wachsende Wirtschaft durch einen Börsenkrach in New York plötzlich gestoppt. Es erfolgte eine Phase der Deflation, der Arbeitslosigkeit und des Hungers, so dass im Jahr 1933 Adolf Hitler mit Hilfe der unzufriedenen Bevölkerung an die Macht kommen konnte. Er ließ Autobahnen bauen,

---

29 https://de.wikipedia.org/wiki/Henry_Ford.

die Jugend in den Arbeitsdienst gehen und Panzer bauen. So brachte er die Bevölkerung wieder in Arbeit. Es begann eine Verfolgung der Juden, die 1938 zu Pogromen führte.[30]

Eine systematische Verbringung der Juden in Konzentrationslager folgte, und nach Hitlers Angriff auf Polen folgte die systematische Vernichtung der Juden, nicht nur der deutschen Juden. Es kam außerdem zur massenhaften Tötung von behinderten Kindern und Erwachsenen, der Euthanasie. Sinti und Roma wurden verfolgt.[31]

Der Zweite Weltkrieg begann, unter dem besonders Russland zu leiden hatte. Frankreich ließ sich zur Hälfte überrollen. Großbritannien und zuletzt die USA zogen gegen Hitler zu Felde. Der Krieg währte sechs Jahre lang und forderte wiederum Millionen an Opfern.[32]

„Es kam ab 1942 zu einem strategischen Bomberkrieg gegen deutsche Städte, gegen Flugzeugfabriken und Ölraffinerien, so dass bis 1944 die deutsche Kriegswirtschaft nahezu zum Erliegen gebracht worden war." Am 6. Juni landeten die Alliierten in Nordfrankreich. Paris fiel im August unzerstört in die Hände der Alliierten und Charles de Gaulle übernahm die französische Regierung.[33]

---

30 https://de.wikipedia.org/wiki/Adolf_Hitler.
31 Ebenda.
32 Ebenda.
33 Olzog, Kurt: Globalisierung der Politik. Norderstedt 2018, vgl. S. 150f.

„Eine der so genannten „Wunderwaffen", die V2-Rakete, soll den Krieg für das Deutsche Reich wenden. Sie wird ab September 1944 hauptsächlich gegen belgische und britische Städte eingesetzt und hat v. a. eine psychologische Wirkung auf die Zivilbevölkerung."[34]

Am 2.5.1945 kapitulierte Berlin nach Hitlers Selbstmord Ende April. Auch die Japaner waren inzwischen kriegsmüde geworden. Trotzdem warfen die USA am 6.8. über Hiroshima und am 9.8. über Nagasaki je eine Atombombe ab. In Hiroschima gab es sofort 130 000 Tote „und die Stadt wurde zu 80 Prozent zerstört. Mehr als 240 000 Menschen starben durch die Langzeitfolgen."[35]

---

34 Ebenda, mit Abbildung, entnommen aus: Wendt, Bernd Jürgen: Der Zweite Weltkrieg. In: Welt- und Kulturgeschichte. Zeitverlag GerdBucerius GmbH & Co KG, Hamburg 2006, Band 14, vgl. S. 54-69.
35 Olzog, Kurt: Globalisierung der Politik. Norderstedt 2018, vgl. S. 153.

„Hiroshima: Ruine des Gebäudes der Industrie- und Handelskammer („Atombombendom"), Mahnmal zum Gedenken an die Atombombenexplosion von 1945"[36]

„Nach dem Krieg wurden von den Siegermächten Kernfusionsbomben, auch Wasserstoffbomben genannt, entwickelt und getestet, kamen aber bisher glücklicherweise nicht zum Einsatz."[37]

---

36 Olzog, Kurt: Energiewende im Klimawandel. Zweite erweiterte Auflage, Norderstedt 2017, S. 28. Abbildung und Zitat entnommen aus: DIE ZEIT: Das Lexikon in 20 Bänden, Band 06, S. 423.
37 Ebenda, S. 29.

Der Zweite Weltkrieg 1939-1945 forderte insgesamt 46 409 000 Opfer, wobei die Opfer des Völkermords des Holocausts mit eingerechnet sind.[38]

„Motiviert durch die schrecklichen Folgen der beiden so kurz aufeinander folgenden Weltkriege wurde am 26. Juni 1945 die Charta der Vereinten Nationen in San Francisco unterzeichnet von 51 Delegierten. Kern der UNO (United Nations Organization) bildet der Sicherheitsrat, bestehend aus fünf ständigen Mitgliedern und zehn nichtständigen Mitgliedern in zweijährigem Wechsel. Die ständigen Mitglieder setzen sich aus den Siegermächten des Zweiten Weltkriegs zusammen: USA, UdSSR (heute Russland), China, Großbritannien und Frankreich. Diese ständigen Mitglieder haben ein Vetorecht, falls sie ihre Interessen gestört sehen. Dieses Vetorecht wurde während des nun aufkommenden „kalten" Krieges häufig genutzt, um die jeweilige Gegenseite auszubremsen und eigene Interessen zu wahren. Als Deckmäntelchen in der Argumentation diente jeweils der Erhalt des Friedens."[39]

Ein Internationaler Gerichtshof entstand in Den Haag (Niederlande), der zusammentritt, sobald Anklage wegen des Bruchs internationaler Rechtsnormen erhoben wird. Bedingt durch den aufkommenden „Kalten Krieg" wurde die Nordatlantische Verteidigungsorganisation gegründet, kurz die NATO. Seit 1955 konnte auch die Bundesrepublik Deutschland Mitglied sein. Zwei Blöcke standen sich nun gegenüber: der Warschauer Pakt im Osten und die Nato im Westen der Nordhalbkugel. Beide Seiten

---
38 Holz, Matthias und Schönauer, Mats: 400 Jahre Blutzoll. In: DIE ZEIT Nr. 21 vom 17. Mai 2018, vgl. S. 40.
39 Olzog, Kurt: Globalisierung der Politik. Norderstedt 2018, S. 155.

waren inzwischen mit zahlreichen Wasserstoffbomben ausgerüstet. 1957 schossen die UdSSR einen Satelliten namens Sputnik ins Weltall, was der westlichen Welt einen Schock versetzte.[40]

„Der sowjetische Kosmonaut Juri Gagarin – hier in seinem Raumanzug kurz vor dem Start – umkreiste am 12.4.1961 in der Raumkapsel Wostok als erster Mensch die Erde."[41]

Die Weltmächte USA und UdSSR lieferten nun sich ein Wettrennen um den ersten Platz im Weltraum. „Zwischen 1961 und 1965 erstreckte sich das Rangerprogramm, unter anderem zur Vorbereitung der ersten unbemannten Mondlandung. Es war der

---
40 Ebenda, vgl. S. 157ff
41 Ebenda, S. 159 mit Abbildung, entnommen aus: Loth, Wilfried: Von den Schauprozessen zum „Tauwetter". S. 448

Aufbruch zur Erforschung anderer Himmelskörper und gipfelte zunächst im Surveyor-Programm.

Von 1966 bis 1968 landeten fünf amerikanische Surveyor-Sonden weich auf dem Mond, zwei zerschellten. Durch dieses Programm wurde die Landetechnik für bemannte Mondlandungen entwickelt, die später im Apollo-Programm verwendet wurde.

Das Apollo-Programm der NASA wurde durchgeführt zwischen den Jahren 1968 und 1972 und hatte drei Hauptziele: zum Ersten bemannte Mondflüge, zum Zweiten erdnahe Orbitallabors und Orbitalobservatorien, zum Dritten unbemannte Sonden zu den Planeten Mars und Venus."[42]

Die erste bemannte Mondlandung gelang mit Apollo 11 am 20. Juli 1969, am 21. Juli betrat Neil Alden Armstrong als erster Mensch den Mond.[43]

Raumfahrt: Kommandeur Dave Scott der Apollo-15-Mission (26.7. bis 7.8.1971) hisst die amerikanische Flagge auf dem Mond.

---

42 Olzog, Kurt: Der Mond – Rohstoffquelle und Weltraumbasis. Norderstedt 2017, S. 9f
43 Ebenda, S. 10f, mit Abbildung aus: DIE ZEIT: Das Lexikon in 20 Bänden, Hamburg 2005, Band 14 S. 313

Die letzte bemannte Mondlandung bisher (Apollo 17) war die sechste und bildete den Abschluss des Apollo-Programms.[44]

„Es gab neben dem Wettlauf ins Weltall auch eine sehr gefährliche Parallelentwicklung: Die Entwicklung der Wasserstoffbombe, die anders als die Kernspaltungsbombe eine Fusion von Wasserstoff herbeiführt und nochmals unvorstellbar zerstörerischer wirkt als die Bomben von Hiroshima und Nagasaki. Außerdem konnte man nun Trägerraketen bauen, die jeden Punkt der Erde erreichen konnten. Ein Wettrüsten setzte ein, Atomtests mit Wasserstoffbomben wurden durchgeführt in Wüstengegenden und auf Atollen. Neben den USA und der UdSSR wurden auch Großbritannien und Frankreich und später China zu Atommächten, und im Laufe der Jahrzehnte kamen Indien, Israel und Pakistan hinzu.

In der Weltpolitik begann die Erkenntnis zu reifen, dass man aus Versehen einen Dritten Weltkrieg auslösen konnte, in dessen Verlauf die Erde mehrfach unbewohnbar gemacht werden könnte.

Das führte dazu, dass am 1. August 1975 im Rahmen der Konferenz über Sicherheit und Zusammenarbeit in Europa (KSZE) von 35 Staaten eine sogenannte Schlussakte von Helsinki unterzeichnet wurde, die aber nur aus Absichtserklärungen bestand.

Es wurde im Laufe der Jahre erst deutlich, dass jetzt ein Prozess der Entspannung entstanden war, der zwar nicht vollkommen war, aber den Frieden in Europa und besonders zwischen der Nato und dem Warschauer Pakt sichern half. Der entstandene KSZE-Prozess „wurde nicht von einer internationalen Organisation mit Satzung und festgeschriebenen Verfahrensvorschriften getragen,

---
44 Ebenda, vgl. S. 10 und S. 43

sondern entfaltete seine Dynamik vielmehr durch lockere Übereinkünfte zu andauernder Zusammenarbeit, die" gemeinsame Interessen herausfanden und dadurch zu einer diplomatischen Vorgehensweise führten."[45]

„Eine Folge des KSZE-Prozesses war eine Annäherung der „Kalten Krieger" auf diplomatischem Wege. Hinzu kamen Versuche, die durch Wirtschaft und wachsendem Konsum hervorgerufenen Probleme zu erkennen und womöglich zu beherrschen. Die westeuropäischen Länder schlossen sich allmählich stärker zusammen und bildeten die europäische Wirtschaftsgemeinschaft (EWG), die sich weiterentwickelte zur Europäischen Union (EU).

Die [...] Römischen Verträge wurden von den sechs Mitgliedsländern Frankreich, Italien, Belgien, Luxemburg, Niederlande und Deutschland besiegelt. Ende der 1970er Jahre wurde das europäische Währungssystem (EWS) ins Leben gerufen. „Das EWS trat zum 13. März 1979 in Kraft. Von den mittlerweile neun Mitgliedsländern der EG beteiligte sich nur Großbritannien nicht; als Ländern mit besonders schwachen Währungen wurden Italien und Irland größere Währungsabweichungen zugestanden. Mit dem EWS war die Einführung der europäischen Währungseinheit ECU (European Currency Unit) verbunden. Sie bestand aus festen Anteilen der meisten Währungen der EWS-Staaten (Währungskorb), die der Wirtschaftskraft des jeweiligen Landes entsprachen. Der ECU diente nicht nur als Rechnungseinheit für den Haushalt

---

45 Olzog, Kurt: Globalisierung der Politik. Norderstedt 2018, S. 161f. Vgl. auch: Czempiel, Ernst-Otto: Im Zeichen der Hoffnung: Der KSZE-Prozess und die Schlussakte von Helsinki. S.261f.

der Gemeinschaft, sondern auch als Referenzgröße für die Bemessung der nationalen Währungen.""[46]

„Eine neue Zäsur bahnte sich an, die sowohl in Europa als auch in der Welt für Änderungen sorgen sollte. Michael Sergejewitsch Gorbatschow wurde im März 1985 zum Generalsekretär der KPdSU und Präsidenten der Sowjetunion gewählt. Es begannen Verhandlungen über Abrüstung, nachdem im Westen im Jahr 1983 die Stationierung von Mittelstreckenraketen begonnen worden war. Die Sowjetunion war dadurch wirtschaftlich in die Knie gezwungen worden, und der neue Generalsekretär Gorbatschow bemühte sich nun darum, die Aufrüstungsspirale zu beenden. Er versuchte, eine Reform der Wirtschaft in der Sowjetunion zu etablieren. Glasnost (Offenheit) und Perestroika (Umbau) sollten die Menschen für Reformen bereit machen. Diese Signale machten sich die zum Westen gerichteten Warschauer-Pakt-Staaten zunutze und genehmigten sich zunehmende Freiheiten.

„Von der Wucht der nun folgenden Ereignisse in Osteuropa wurde Gorbatschow nicht minder überrascht als alle anderen Regierungen in Ost und West. Innerhalb weniger Monate zerfiel die europäische Nachkriegsordnung.""[47]

„In dieser Zeit trat ein Ereignis ein, das als bis dahin größte Reaktorkatastrophe der zivilen Kernkraftnutzung gilt: Im

---

46 Ebenda, S. 162f. Vgl. auch: Loth, Wilfried: Mehr Staaten, mehr Zuständigkeiten: Die Entwicklung der Europäischen Gemeinschaften. S. 275-280
47 Ebenda, S. 163. Vgl. auch: Katzer, Nikolaus: Mauer und Stacheldraht verschwinden: Die Auflösung des Ostblocks. S. 409-414.
Siehe auch: Gorbatschow, Michail: Perestroika. Die Zukunft der Sowjetunion. Frankfurt am Main, Wien 1988.

ukrainischen Tschernobyl kam es am 26.04.1986 zu einem Reaktor-Super-GAU (größter anzunehmender Unfall)."[48]

Tschernobyl: Blick auf Block 4 des Kernkraftwerks nach der Explosion am 26. 4. 1986

„...Gorbatschow äußerte sich erstmals am 14.05.1986 in einer Fernsehrede zu diesem Vorfall. Erst zwei Wochen nach dem Unfall konnte der Brennprozess im Graphit-Teil des Reaktors gestoppt werden. Offiziell erlitten 203 Werksangestellte schwere Strahlenschäden, 17 starben an Verbrennungen, 15 an Verstrahlung. 45.000 Menschen wurden aus den betroffenen Gebieten

---

48 Ebenda, S. 164, entnommen aus: Olzog, Kurt: Energiewende im Klimawandel. Zweite erweiterte Auflage, Norderstedt 2017, S. 30f. Abbildung entnommen aus: DIE ZEIT: Das Lexikon in 20 Bänden, Band 15, S. 111.

evakuiert, später weitere 90.000 Einwohner (offizielle Mitteilung)."[49]

Der Niedergang der KPdSU (Kommunistische Partei der Sowjetunion) ging einher mit der Demokratisierung des Riesenreiches. Mehrere Parteien wurden zugelassen. Währenddessen bildeten sich auch in Polen und den anderen „Bruderstaaten" der Sowjetunion Demokratien heraus, und der Trend der politischen Entwicklung zeigte zunehmend auf Europa. In der Sowjetunion gewann der Reformer Boris Jelzin zunehmend an Einfluss und Macht, und er war sogar in der Lage, einen Putsch der Reformgegner abzuwehren und ins Gegenteil zu wenden.

Schon unter Gorbatschow hatte sich eine Abwendung von bis dahin abhängigen Ländern von der Sowjetunion abgezeichnet. Als erste Unionsrepublik gab Estland im November 1988 eine Souveränitätserklärung ab. Im Dezember 1989 stimmte Litauen für eine Loslösung von der KPdSU. Am 11. März 1990 erklärte sich Litauen für unabhängig. Infolge der Auflösung der Sowjetunion erklärte auch Lettland seine Unabhängigkeit. [50]

In den westlichen Ländern verfolgte man dieses Geschehen mit Staunen. Der Verfall der bisherigen Stabilität des Ostblocks und seine Auflösungserscheinungen durch den neuen Kurs Gorbatschows begrüßten viele.[51]

---

49 Olzog, Kurt: Energiewende im Klimawandel. S. 31f.
50 Katzer, Nikolaus: Mauer und Stacheldraht verschwinden. Vgl. S. 409-417.
51 Ebenda, vgl. S. 415.

„1989 begann der Fall des Eisernen Vorhangs."[52]

Auch die Europäische Union entwickelte sich durch den Wegfall des Eisernen Vorhangs weiter. In der folgenden Karte von Europa und der Europäischen Union sind die Beitrittsdaten der zur EU gehörenden Länder farblich abgesetzt dargestellt:

---

52 Ebenda, S. 415, mit Karte.

„Europa und die Europäische Union"[53]

Im Jahr 1992 wurde die Europäische Union im Vertrag von Maastricht als politische Union gegründet. Hiermit wurde eine gemeinsame Industriepolitik, Bildungspolitik, Kulturpolitik, Gesundheitswesen und Verbraucherschutz angestrebt. Transeuropäische Netze der Verkehrssysteme, der Telekommunikation und

---

53 Boldt, Hans: Auf dem Weg zum einigen Europa: Die Europäische Union. In: Welt- und Kulturgeschichte. Zeitverlag Gerd Bucerius GmbH & Co KG, Hamburg 2006, Band 16, S. 241, mit Karte.

der Energieversorgung wurden beschlossen. Eine Währungs- und Wirtschaftsunion sollte bis spätestens 1999 entstehen.[54]

Aber es dauerte noch bis zum 1.1.2002, bis der Euro in zwölf Staaten gesetzliches Zahlungsmittel wurde (siehe obige Karte). Inzwischen haben sich die beteiligten Bevölkerungen daran gewöhnt und die Volkswirtschaften profitieren sehr stark von der neuen Währung.[55]

Seitdem sind sieben weitere Staaten dem Euroraum beigetreten: Slowenien 2007, Malta und Zypern 2008, die Slowakei 2009, Estland 2011, Lettland 2014 und Litauen 2015. Weitere EU-Staaten dürfen dem Euroraum beitreten, sobald sie die Maastricht-Kriterien erfüllen.[56]

Am 11.9.2001 waren die Doppeltürme des New-Yorker World Trade Center durch Terroranschläge mit gekaperten Flugzeugen zerstört worden. Rund 3000 Menschen starben. Als Ursache des Terrorismus wurde das Ausbildungszentrum von al-Qaida in Afghanistan unter der Taliban-Herrschaft erkannt, gegen das ab Oktober 2001 erfolgreich Krieg geführt wurde. Am 20. März 2003 begann ein Krieg gegen den Irak, der offiziell wenige Wochen dauerte. Der Terroristen-Anführer Osama Bin Laden konnte allerdings noch etliche Jahre in Verstecken überleben und von dort aus weiteren Terror verbreiten.[57]

---

54 Ebenda, vgl. S. 242ff.
55 Ebenda, S. 253.
56 Der neue Fischer-Weltalmanach 2019, vgl. S. 561.
57 Dippel, Horst: Unter dem Banner des Neokonservatismus und des „Kriegs gegen den Terror": Die Präsidentschaft George W. Bushs. In: Welt- und Kulturgeschichte. Zeitverlag Gerd Bucerius GmbH & Co KG, Hamburg 2006, Band 16, vgl. S. 207-216.

Folgende Staaten haben inzwischen Beitrittsgesuche zur EU eingereicht: Albanien, Bosnien und Herzegowina, Island, Mazedonien, Montenegro, Serbien und die Türkei. Fast alle werden heute als Beitrittskandidaten geführt, Beitrittsverhandlungen wurden mit Montenegro, Serbien und der Türkei begonnen. Die Schweiz hat ihr Beitrittsgesuch von 1992 zurückgezogen, da die Bevölkerung gegen den Beitritt gestimmt hat.[58]

Großbritannien und Nordirland gehören wie Irland seit 1973 zur EU. Allerdings hat Großbritannien wegen eines Referendums mit knappem Ausgang ein Austrittsgesuch eingereicht und verhandelt nun (2018-2019) über den sogenannten Brexit.[59]

In den USA meldete am 15. September 2008 die US-Investmentbank Lehman Brothers Insolvenz an. Dies führte weltweit zu einer Finanzkrise und bremste das Wirtschaftswachstum in den USA und Europa zeitweilig aus. In der Folge mussten auch in Europa Banken gerettet werden. Die Arbeitslosenquote in der Eurozone stieg auf 9,2 %, ein Höchststand seit 1999.[60]

Am 11.03.2011 erschütterte ein Erdbeben der Stärke 9,0 den Nordosten Japans. Darauf folgte ein Tsunami, der weite Landesteile verwüstete. Nach offiziellen Angaben kamen 15 000 Menschen zu Tode, 500 000 Menschen mussten in Notunterkünften untergebracht werden. In der Folge fielen im etwa 270 km nördlich gelegenen Kernkraftwerk Fukushima-Daiichi Kühlsysteme aus. Dadurch kam es in drei Reaktorblöcken zur Kernschmelze. Es war nach Tschernobyl der zweite Super-GAU und

---

58 Der neue Fischer-Weltalmanach 2019, vgl. S. 559.
59 Ebenda.
60 Der Fischer Weltalmanach 2010, S. 41, 47 und 52ff.

führte dazu, dass etliche Länder, unter anderem Deutschland, ihre Pläne bezüglich der Kernenergie revidierten.[61]

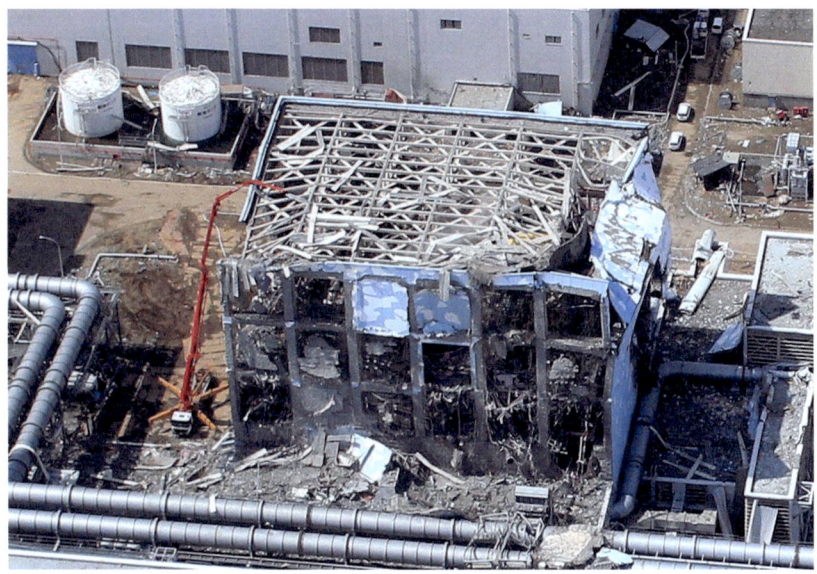

Zerstörter Reaktor des KKW Fukushima Daiichi am 24.3.2011

Trotz aller Rückschläge entwickelten sich Industrie und Weltwirtschaft weiter, und neue Technologien eroberten den Weltmarkt. Es entstand das Internet und entwickelte sich zum World Wide Web (www). Suchmaschinen entstanden. Google ist momentan die wichtigste Firma, heute mit „Alphabet" als Mutterkonzern. Bereits Jahre vorher war ein Konkurrenzkampf zwischen der altehrwürdigen Computerfirma IBM und den aufstrebenden Softwarefirmen Microsoft und SAP entstanden, aus dem die Firmen mit unterschiedlichem Erfolg hervorgingen. Microsoft und SAP agieren wie auch Google inzwischen weltweit mit wachsendem Erfolg

---

61 Olzog, Kurt: Energiewende im Klimawandel. S. 38ff mit Abbildung, entnommen aus: Der neue Fischer Weltalmanach 2012, S. 26.

gefolgt von Facebook, einer Softwarefirma, die als soziales Netzwerk entstanden ist. Während die heute am Weltmarkt führenden Hardwarefirmen im Computerbereich, Intel, HP und IBM, Apple, DELL etc. auf Hardwarestandorte angewiesen sind, operierten die Softwarefirmen von wenigen Standorten aus und begannen recht früh damit, Niederlassungen in Ländern zu gründen, die nur geringe Steuern einzogen, wie Irland oder die britischen Kanalinseln Isle of Man und Jersey oder einige karibische Inseln, Panama oder gar Luxemburg oder die Schweiz.

Dieses Gebaren führte dazu, dass die großen „digitalen" Firmen in ihren Heimatländern nur wenige Steuern zahlen, weil sie ihre Gewinne in Steueroasen transferieren, in denen kaum Steuern anfallen. Bisher war dieses Verhalten legal. Die Politiker einiger Staaten merkten jedoch, dass ihnen durch diese Konstellation Milliarden Dollar an Steuereinnahmen verloren gingen und versuchten, ihre Steuersysteme zu harmonisieren. Die europäischen Staaten arbeiteten mit Hochdruck an einer Lösung dieses Problems mit zunehmendem Erfolg. Es kam zu einer Globalisierung der Politik, indem regelmäßige Konferenzen der sieben bis acht wichtigsten Industriestaaten stattfanden (G8, heute ohne Russland G7 wegen der Krim-Annexion), später auch Konferenzen der zwanzig wichtigsten Industrie- und Schwellenländer (G20), um die globalisierte Weltwirtschaft in geordnete Bahnen zu lenken.

In den 1990er Jahren tat sich ein weiteres globales Thema auf: der Klimawandel. Allmählich merkten Klimaforscher, dass die Erde sich zunehmend erwärmt. Es wurde ein zentrales Klimaregister gegründet, das „Intergovernmental Panel on Climate Change" (IPCC), das zur Überwachung des Klimawandels installiert wurde. Es gab mehrere Parameter zu kontrollieren. Der erste war die Entwicklung der globalen Mitteltemperatur. Man legte als Mittelwert einen dreißigjährigen Zeitraum von 1961 bis 1990 zu Grunde und maß daran die globale Durchschnittstemperatur ab der Wetteraufzeichnung zu Beginn der Industrialisierung. Der zweite Parameter war der Beitrag einzelner Gase zum anthropogenen Treibhauseffekt. Hier stellte sich CO_2 (Kohlendioxid) als das klimaschädliche Gas heraus, das mit 55 % den größten Anteil hatte. Mit 17 % war CH_4 (Methan) vertreten, troposphärisches Ozon kam auf 14 %, FCKW/HFCKW (Fluor-Chlor-Kohlenwasserstoffe) erreichten 9 % und N_2O (Stickoxide) 5 % Beitrag.[62]

Mehr als 150 Staats- und Regierungschefs kamen vom 30.11. bis zum 12. Dezember 2015 zum Klimagipfel in Paris zusammen und beschlossen, alles zu tun, damit sich die Erde bis zum Ende des Jahrhunderts nicht mehr als 1,5 Grad Celsius erwärmt im Vergleich zur vorindustriellen Zeit. Das ist sicher ein ehrgeiziges Ziel, das nur durch weitere Globalisierung der Politik gelingen kann. Auch die wichtigsten Banken und Versicherungen haben beschlossen, nicht weiter in fossile Brennstoffe zu investieren.[63]

Inzwischen gehen sogar Schüler und Studenten weltweit jeden Freitag in den Streik, genannt „Fridays for Future", teilweise mit Eltern und Lehrern, um die Welt wachzurütteln und die Politiker endlich zum Handeln zu bewegen. Die Initiatorin dieser Streikwelle ist die Schülerin Greta Thunberg aus Schweden. Sie wurde unter anderem vom französischen Präsidenten Emmanuel Macron

---
62 Ebenda, vgl. S. 52-66.
63 Ebenda, vgl. S. 100 bis 111.

empfangen. Als wichtigsten ersten Schritt betrachtet die junge Generation den sofortigen Ausstieg aus der Braunkohle-Verstromung, die weitere Forcierung von Fotovoltaik und Windenergie, und den Umstieg von fossilen Energieträgern auf Wasserstofferzeugung zur Speicherung überschüssiger Energie und als Antriebsstoff für Brennstoffzellenfahrzeuge. Für Letzteres fehlt die Infrastruktur noch weitestgehend (2019), obwohl bereits Brennstoffzellen-PKW auf dem Markt sind."[64]

Die Bevölkerungsentwicklung mündete auf unserem Globus also in einer Bevölkerungsexplosion. Die Verdopplungszeit der Anzahl der Erdbewohner verkürzte sich bis 1970 auf 34 Jahre bei einer Wachstumsrate von 2 %. Danach nahm die Wachstumsrate wieder ab und es ist zu hoffen, dass sich das Wachstum der Bevölkerung so sehr verlangsamt, dass in der zweiten Hälfte des 21. Jahrhunderts nicht mehr als 10 Milliarden Menschen auf der Erde leben und ernährt werden müssen.

Es gibt dazu eine anschauliche Weltkarte aus dem Neuen Fischer Weltalmanach 2019, die auch Prognosen für 2050 und für 2100 anzeigt, getrennt nach Kontinenten, einschließlich der Wanderungsbewegungen. Daraus geht hervor, dass in Afrika ab 2050 ein Viertel der Menschen lebt, während sich auf den anderen Kontinenten eine Verlangsamung des Wachstums ergibt bis zu einer Umkehr zur Schrumpfung in Europa.[65]

---

64 Olzog, Kurt: Bevölkerungsexplosion und Ressourcenverbrauch, S. 60-81.
65 Ebenda, S. 84ff. Vgl.: Der Neue Fischer Weltalmanach 2019, S. 14f, mit Weltkarte auf der nächsten Seite.

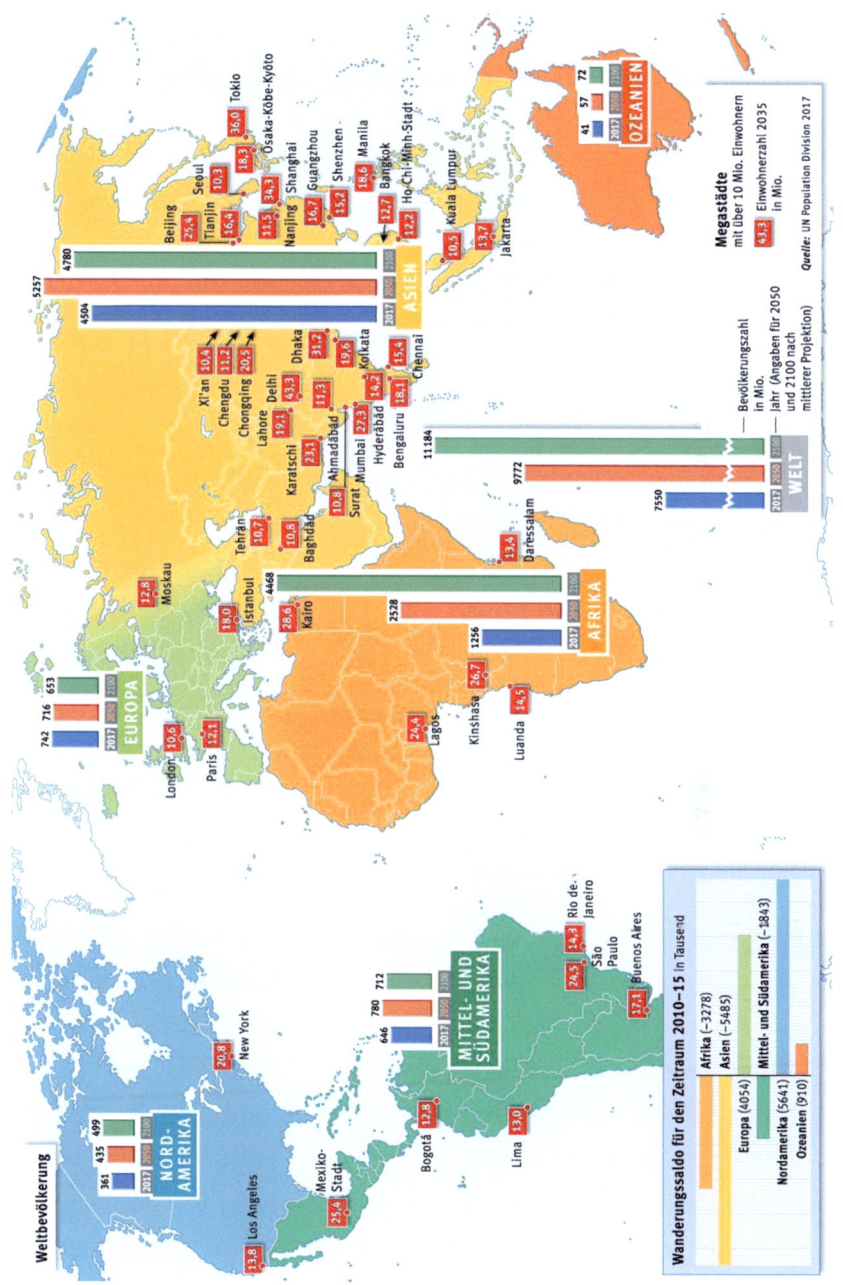

3. Erderwärmung und Artenschwund

Seit sich vor hunderten Millionen Jahren ein Kreislauf herausbildete im Gasaustausch zwischen CO_2 und O_2, hervorgerufen durch CO_2-Atmer und O_2-Atmer, durch Pflanzen und Tiere, hat sich auf der Erde ein auskömmliches Gleichgewicht herausgebildet, unterbrochen nur durch eine Katastrophe, einen Meteor, der die Erde traf und in der Folge viele Lebewesen einschließlich der Dinosaurier ausrottete.

Durch neues widerstandsfähigeres Leben blieb der Gasaustausch dennoch erhalten und das Leben auf der Erde normalisierte sich wieder einschließlich seiner Warm- und Kaltzeiten. Unsere Vorfahren leben seit rund 10000 Jahren wieder in einer Warmzeit und haben es sich auf der Erde zunehmend gemütlich eingerichtet. Allein durch menschlichen Hunger wurden viele größere Tiere Opfer des menschlichen Appetits, aber dank Viehzucht und Landwirtschaft konnten sich die Menschen weiterhin gut ernähren. Es gab dadurch einen gewissen Artenschwund.

Die antiken Griechen brachten erste wissenschaftliche Erkenntnisse hervor. Im 3. Jahrhundert v. Chr. bestimmte Eratosthenes von Kyrene den Erdumfang relativ genau. Der daraus berechnete Erdradius stimmt je nach verwendeten Umrechnungsgrundlagen mit dem tatsächlichen Radius beinahe überein. Durch den Zerfall des Weltreichs Alexanders und durch die aufstrebende Macht Roms geriet die Wissenschaft allmählich unter die Räder von Kriegen und religiösen Mythen und Riten. Diese Phase wissenschaftlicher Einfalt konnte weder durch Christianisierung im Okzident noch durch Jahrhunderte später beginnende Islamisierung im Orient behoben werden, sondern dauerte an, bis wagemutige Seefahrer wie Kolumbus versuchten, die Erde zu umrunden.[66]

Erst jetzt begann eine gewisse Befreiung des Denkens, und man begann zu forschen und zu entwickeln. Religiöse und nationalistische Zwistigkeiten führten zu Kriegen, die die wissenschaftliche Entwicklung weiter behinderten. Dennoch wurden allmählich erste Erfolge sichtbar, die Elektrizität wurde entdeckt und Eisenbahnen wurden mit Kohle und Stahl gebaut und mit Kohle und Wasserdampf betrieben.

Die medizinischen Erkenntnisse führten dazu, dass mehr Menschen länger lebten, die technische Entwicklung erforderte mehr Energie. So wurde im Verbund von Bevölkerungswachstum und industrieller Revolution der Atmosphäre allmählich immer mehr CO_2 zugeführt. Diese Anreicherung schien gering zu sein. Keiner merkte etwas davon. Kohle, Erdöl und Erdgas wurden für Elektrizität, Heizungen und Mobilität verbraucht von immer mehr Verbrauchern. Es wurde immer angenehmer und bequemer, auf diesem Planeten zu leben. Die Weltkriege wurden überstanden, und erst danach wurden einige Wissenschaftler aufmerksam und begannen, die Erdatmosphäre und den Zusammenhang mit dem Klima genauer zu untersuchen. Das Ergebnis haben wir am Anfang dieses Buches schon gelesen. Wie aber hängt der Artenschwund, den wir heute beobachten, mit der Erderwärmung zusammen? Auch dafür gibt es schon erste Hinweise.

---

66 Ebenda, S. 32ff.

Heute sind wir 7,77 Milliarden Menschen. Wir brauchen nicht nur Heizung, Elektrizität und Mobilität. Wir brauchen auch Nahrung. Deshalb beackern wir heute riesige Areale, um Getreide, Mais, Raps, Gemüse und Obst zu ernten. Einige Landwirte halten Weidevieh, viele jedoch sind zur Massentierhaltung übergegangen. Die Agrarwirtschaft ist zur Agrarindustrie geworden, um die vielen Menschen zu ernähren. Die Agrarindustrie wird unterstützt durch die chemische Industrie, die nicht nur Düngemittel herstellt, sondern auch Vernichter von Moos, Unkraut, Pilzbefall und Schadinsekten. Etliche Kulturpflanzen wurden zudem genetisch verändert, um mit den schützenden Mitteln zurechtzukommen.

Darunter leiden nicht nur Schadinsekten, sondern auch nützliche wie die Bestäuber von Obstblüten, Nuss- und anderen Baumblüten und von Rapsfeldern. Zwei Drittel der Insekten wurden wohl schon vernichtet. Etliche Imker werden zum Bestäuben der Felder bestellt und hoffen, dass ihre Bienen überleben. In China gibt es Gebiete, in denen die Menschen Obstbäume von Hand bestäuben müssen, weil dort die Insekten systematisch ausgerottet wurden.[67]

Darunter leiden ebenso Vögel, die von Insekten leben. Die Vogelpopulation hat entsprechend abgenommen. Man zählt jetzt die Anzahl der Vögel bewusster. Auf den Ostfriesischen Inseln gibt es Vogelkolonien, wo Biologiestudentinnen und -studenten die Zugvögel und ansässige Vögel beobachten und zählen.

Bedingt durch die Erderwärmung wandern zudem schädliche Insekten von südlicheren in nördlichere Gebiete. Das könnte dazu

---

[67] Vgl. Hirschhausen, Eckart von: Mensch, Erde! Wir könnten es so schön haben. München 2021, S. 360.

führen, dass sich auch in Mitteleuropa die Malaria wieder ausbreitet. Fliegenschutzgitter können immerhin die gröbste Gefahr klein halten. Mückenbrutgebiete gibt es an den Altarmen von Rhein und Elbe zuhauf. Dort ist es üblich, die Mückenbrut regelmäßig zu bekämpfen. Dies bedeutet aber wiederum nur, an den Symptomen zu kurieren. Die Ursachen der Erderwärmung müssen wir viel gezielter angehen.[68]

---

68 Schätzing, Frank: Was, wenn wir einfach die Welt retten? Köln 2021, Vgl.: S 89f.

4. Erarbeitung von Zielvorgaben

Braunkohle (Exponat im Deutschen Bergbau-Museum Bochum) [69]

Mit Braunkohle wird auch heute noch Elektrizität erzeugt, für die meisten Klimaforscher zu viel. Denn es handelt sich um die dreckigste Weise, elektrischen Strom zu erzeugen. Dreckig deshalb, weil bei der Braunkohleverstromung mehr CO_2 erzeugt wird als bei allen anderen fossilen Energierohstoffen. Wenn wir unsere Klimaziele ernst nehmen, können wir uns das nicht mehr erlauben.

---

[69] https://de.wikipedia.org/wiki/Braunkohle#/media/Datei:DBM_Deutsches_Bergbau-Museum_Bochum,_Lignit_Westerwald.JPG.

„Braunkohle ist ein fossiler Brennstoff, der im Tertiär aus organischer Substanz durch Vertorfung und Fäulnis entstand, wobei die organischen Stoffe zu braunen Humusstoffen umgewandelt wurden. Dieser erste Schritt der Inkohlung führt zu einer relativen Anreicherung von Kohlenstoff.

Die Braunkohle im Rheinland hat einen Wassergehalt von über 50 %; der Anteil an unverbrennbarer Asche beträgt zwischen 3 und 6%. Ihr Heizwert gegenüber der Steinkohle ist um die Hälfte niedriger."[70]

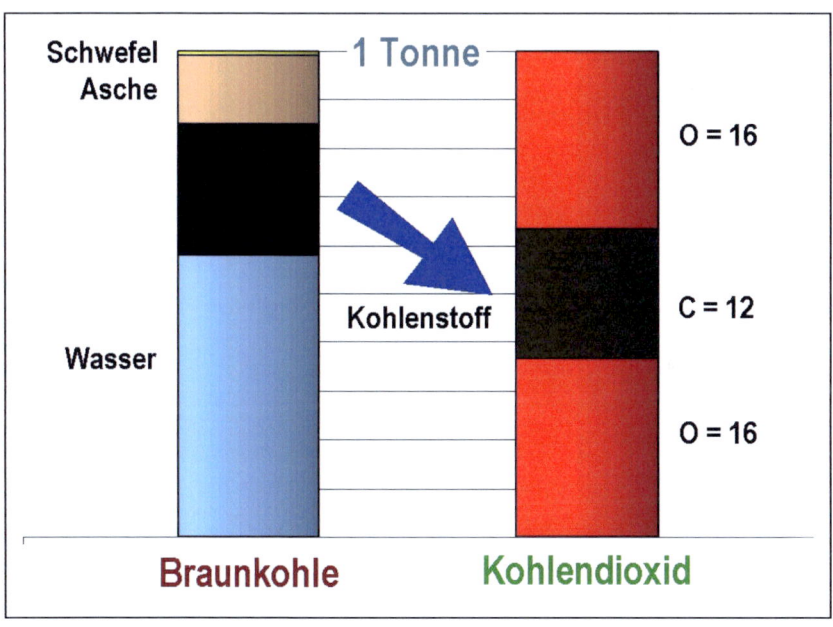

„Auch im Hinblick auf die spezifischen CO_2-Emissionen sind die rheinischen Braunkohlenkraftwerke negative Spitze.

---

70 https://www.bund-nrw.de/themen/braunkohle/hintergruende-und-publikationen/braunkohle-und-umwelt/braunkohle-und-klima/ mit Abbildung.

Bis zu 1.188 g CO$_2$ pro Kilowattstunde Strom emittieren die zum Teil mehr als 50 Jahre alten Kraftwerke. Aber auch die angeblich "modernsten Braunkohlenkraftwerke der Welt", die so genannten Braunkohlenkraftwerke mit optimierter Anlagentechnik (BoA) in Niederaußem und Neurath kommen noch immer auf etwa 950 g CO$_2$/kWh. Das ist dreimal mehr, als bei moderne Gaskraftwerken. Diese neuen Kraftwerke werden bei Regelbetriebszeiten von 40 bis 50 Jahren noch die Klimabilanz der nachfolgenden Generationen belasten. Ist einmal die immissionsschutzrechtliche Genehmigung erteilt, dürfen die Betreiber die Kraftwerke unbefristet betreiben."[71]

Lausitzer Braunkohlerevier Welzow [72]

„Im Süden Brandenburgs und im Nordosten Sachsens liegt das Lausitzer Braunkohlerevier. Es ist nach dem Rheinischen Revier die zweitgrößte Braunkohlenlagerstätte in Deutschland. Die Braunkohle ist seit mehr als 150 Jahren der wichtigste einheimische Energierohstoff. Braunkohle ist ausreichend vorhanden

---

71 Ebenda.
72 https://mwae.brandenburg.de/de/braunkohle/bb1.c.478774.de mit Abbildung.

und kann subventionsfrei oberflächennah im Tagebaubetrieb mit großen Schaufelrad- oder Eimerkettenbaggern gewonnen werden.

Aktuell werden im Land aus zwei Tagebauen – Jänschwalde und Welzow-Süd – jährlich rund 30 Millionen Tonnen Braunkohle gefördert (im gesamten Lausitzer Revier sind es rund 60 Millionen Tonnen aus vier Tagebauen).

Klimaschutz

Mit der Stilllegung eines Großteils der Braunkohletagebaue und Kraftwerke, dem Neubau und der grundlegenden Modernisierung von Anlagen hat Brandenburg seit der politischen Wende 1990 einen großen Beitrag zur Erfüllung der internationalen Klimaschutzverpflichtungen Deutschlands geleistet. Damit verbunden war der Wegfall von 90 Prozent der Arbeitsplätze in dieser Branche. Mit der Überführung von Kraftwerksblöcken in die Sicherheitsbereitschaft und ihrer anschließenden Stilllegung wird die Brandenburger Braunkohlewirtschaft auch künftig zur CO_2-Minderung beitragen.

Staatliche Aufsicht

Braunkohlenbergbau verändert die Landschaft nachhaltig. Er ist immer mit gravierenden Eingriffen in den Lebensraum von Mensch und Tier und in die Natur allgemein verbunden. Aus diesem Grund unterliegen Tagebauplanungen und bergbauliche Tätigkeiten in Deutschland strengen rechtlichen Vorgaben. Für die Einhaltung dieser Vorschriften ist im Land Brandenburg das dem Ministerium für Wirtschaft und Energie nachgeordnete Landesamt für Bergbau, Geologie und Rohstoffe (LBGR) zuständig."[73]

Bisher war die gesetzliche Vorgabe, den Energiegewinn aus Braunkohle bis spätestens 2038 zu beenden. Alles deutet darauf hin, dass durch höchstrichterlichen Beschluss das Ende der Braunkohle-Verstromung auf 2030 vorgezogen wird. Dazu müsste die Bremse für den Ausbau erneuerbarer Energieträger gelockert werden. Das bedeutet, im Wirtschaftsministerium müssten neue, zukunftsorientierte Entschlüsse gefasst werden.

Auch die Nutzung der Steinkohle zur Energieerzeugung müsste endlich aufgegeben werden. Ebenso überflüssig ist die Nutzung des Erdöls. Erdgas bleibt wohl noch eine Zeit lang als Übergangs- und Sicherheits-Energieversorger in Betrieb, aber maximal bis 2035. Bis dahin muss die regenerative Energieversorgung soweit ausgebaut sein, dass sie mehr als 100 % an Elektrizität liefern kann. Was nicht verbraucht wird, muss durch Elektrolyse in Wasserstoff gespeichert werden. Bei Flaute und Dunkelheit können Brennstoffzellen dann elektrischen Strom bereitstellen.

Für die Braunkohle-Tagebaue bedeutet das Renaturierung. Aufstellung von Windrädern rund um die entstehenden Seen ist empfehlenswert, des Weiteren sind Farmen von Fotovoltaikanlagen zu installieren und ausreichend dimensionierte Elektrolyseure an den nächstgelegenen größeren Fließgewässern. Hinzu kommt eine Steuerung durch künstliche Intelligenz (KI), die das Netz überwacht und entsprechend des Bedarfes mehr oder weniger Brennstoffzellenanlagen hinzu schaltet. Was an Wasserstoff übrig bleibt, kann für Elektromobilität oder zum Heizen (beispielsweise mit

---

73 Ebenda.

Brennstoffzellenheizung zur dezentralen Strom- und Wärmeerzeugung) genutzt werden.

Am 7. Mai 2021, warb Bundeskanzlerin Angela Merkel auf dem Petersberger Klimadialog (bei Bonn) für einen weltweiten Preis auf CO_2-Ausstoß.

Bundeskanzlerin Merkel beim Petersberger Dialog (Filip Singer/EPA POOL/dpa)[74]

„Beim Petersberger Klimadialog hat sich Bundeskanzlerin Merkel für eine internationale Ausweitung des Preises auf den CO_2-Ausstoß ausgesprochen. Sie halte das für ein besonders geeignetes Instrument der Lenkung, sagte die CDU-Politikerin bei der Videokonferenz mit Vertretern von rund 40 Staaten.

Es biete sich an, den Preis auf weitere Bereiche auszuweiten, meinte Merkel. Sie verwies darauf, dass dies in Deutschland bei

---

74 https://www.deutschlandfunk.de/petersberger-klimadialog-merkel-fuer-weltweiten-preis-auf.1939.de.html?drn:news_id=1256374 mit Abbildung.

Benzin, Gas oder Heizöl bereits umgesetzt sei. Mit Blick auf die Unterstützung ärmerer Staaten zeigte sich Merkel offen, auch in der nächsten Finanzierungsrunde ab 2025 zu helfen. Man brauche gleichwohl private Investoren. Der britische Premierminister Johnson sagte mit Blick auf das Spitzen-Treffen der sieben großen Industriestaaten im Juni, dass die jährlich zugesagten 100 Milliarden Euro aus privaten und öffentlichen Mitteln für die ärmeren Staaten noch nicht erreicht seien.

Der Petersberger Klimadialog mit Vertretern aller großen Treibhausgas-Emittenten gilt als Vorbereitung des Weltklimagipfels Ende des Jahres in Glasgow. Dort sollen die neuen Ziele der Weltgemeinschaft zusammengefasst und verbindlich verankert werden."[75]

---

75 Ebenda.

5. Nutzung von grünem Wasserstoff

Es gibt schon Brennstoffzellen-Kraftfahrzeuge auf dem Markt, PKW und Busse. LKW sollen bald folgen. Die Reichweite ist größer als bei batteriebetriebenen Fahrzeugen, außerdem ist das Tanken weniger zeitaufwendig, denn es dauert nur so lange, wie zum Befüllen eines Benzintanks benötigt wird.

https://h2.live/tankstellen, grün und rot: in Betrieb, blau: in Realisierung

Die Anzahl der Wasserstofftankstellen wurde allmählich erhöht, erstreckt sich aber nur über Deutschland und Umgebung. Außerdem ist die Dichte des Tankstellennetzes noch viel zu gering.

„Mobilität ist der Motor unseres Lebens. Doch die Ansprüche haben sich verändert. Wir wollen besser heute noch als morgen sauber unterwegs sein – und trotzdem schnell und bequem am Ziel ankommen. Wasserstoffmobilität erfüllt genau das: Sie ist Elektromobilität mit gewohntem Komfort - tanken in drei Minuten für Reichweiten von 500-700 km."[76]

Die Frage stellt sich, wann ein batterie-elektrisches Auto besser geeignet ist und wann ein Brennstoffzellenfahrzeug:

„Um die Herausforderung der Mobilitätswende zu meistern und die Klimaziele zu erfüllen, werden wir beide Technologien brauchen – die Batterie für kurze Strecken unter 250 km und Wasserstoff und Brennstoffzelle für lange Distanzen und immer dann, wenn kurze Betankungszeiten gefordert sind (z.B. im Taxibetrieb)."[77]

Dann taucht die Frage auf, ob das Heizen im Winter die Reichweite von Brennstoffzellenfahrzeugen beeinträchtigt:

„Wasserstofffahrzeuge haben den Vorteil, dass ein Nebenprodukt bei der chemischen Reaktion von Wasserstoff mit Sauerstoff Wärme ist. Diese kann im Winter zum Heizen verwendet werden. Trotzdem ist der Verbrauch von H_2-Fahrzeuge im Winter etwas höher als im Sommer. Dies liegt z.B. daran, dass die Brennstoffzelle nach dem Starten auf Betriebstemperatur gebracht werden muss. Der Mehrverbrauch ist aber beim H_2-Pkw im Winter wesentlich geringer als bei einem batterie-elektrischen Auto."[78]

---

[76] https://h2.live/tankstellen, mit Abbildung auf der vorherigen Seite.
[77] Ebenda.
[78] Ebenda.

Sollte ein H$_2$-Fahrzeug länger nicht genutzt werden, verflüchtigt sich dann der Wasserstoff?:

„Nein. Das war tatsächlich einmal ein Problem, als man den Wasserstoff im Auto tiefkalt, also bei -253° im flüssigen Aggregatszustand mitgeführt hat. Diese niedrige Temperatur lässt sich einfach nicht über lange Zeit im Fahrzeugtank halten. Der Wasserstoff erwärmt sich und wird wieder gasförmig; das heißt er dehnt sich aus und die Ventile „blasen" ab."[79]

Wie lange hält eine Brennstoffzelle?:

„Auswertungen z.B. der Brennstoffzellen aus der CleverShuttle-Flotte, einem Ride-Sharing-Dienst, nach 180.000 km Laufleistung, haben gezeigt, dass Brennstoffzellen eine hohe Lebensdauer haben. Bei den CleverShuttle-Fahrzeugen betrug die Leistungsfähigkeit noch 98%!"[80]

Die Frage nach der Gefährlichkeit von Wasserstoff muss gestellt werden:

„Brennstoffzellenfahrzeuge zeichnen sich durch kurze Betankungszeiten, hohe Reichweiten und kraftvolle Beschleunigung aus. Sie ermöglichen eine Mobilität ohne Emissionen im Sinne einer nachhaltigen Energiewende. Die Mobilität mit Wasserstoff und Brennstoffzelle ist nicht nur in puncto Klimaschutz eine sichere Sache. Fest steht: Der Umgang mit Wasserstoff erfordert einen verantwortungsvollen Umgang, denn darin enthalten ist ausreichend Energie, um ein Fahrzeug mit hoher Geschwindigkeit zu bewegen – wie alle Kraftstoffe!

---
79 Ebenda.
80 Ebenda.

Eigenschaften von Wasserstoff

Wasserstoff (H_2) ist ein Gas, das auf eine lange Geschichte zurückblicken kann. Entdeckt wurde es 1766 vom englischen Chemiker Henry Cavendish. Als Industriegas wird es bereits seit über 100 Jahren verwendet. Heute kommt es in vielen industriellen und technischen Prozessen zum Einsatz.

In Hinblick auf die Sicherheit bestehen bei Wasserstoff oft Vorurteile. Doch Fakt ist: Im Vergleich zu anderen Kraftstoffen hat Wasserstoff sogar sicherheitstechnische Vorteile. Wasserstoff ist das leichteste uns bekannte Element – etwa 14-mal leichter als Luft. H_2 bildet mit Sauerstoff in einem weiten Bereich (4 Vol. % bis 77 Vol. %) ein zündfähiges Gemisch. Ein explosives Gemisch (Knallgas) mit Sauerstoff bildet Wasserstoff erst bei einem Anteil ab 18 %.

Wasserstoff ist ungiftig und kann weder Böden, noch die Atmosphäre oder Menschen belasten. Falls es zu einem Brand von Wasserstoff kommt, ist die Verbrennungsgeschwindigkeit relativ hoch. Es wird kein Rauch oder Qualm erzeugt, solange nicht andere Substanzen mitbrennen.

Sicherheit bei Transport und Lagerung

Der Transport von Wasserstoff erfolgt in eigens dafür vorgesehenen Wasserstofftrailern. Hierbei kommen Druckstufen von 200 bar, 300 bar oder 500 bar zum Einsatz. Beim Transport unterliegt Wasserstoff den Vorschriften zum Transport von Gefahrgütern (ADR). Dies bedeutet, dass die zum Einsatz kommenden Transportfahrzeuge, wie auch Fahrerinnen und Fahrer, vorgegebene

Anforderungen erfüllen müssen. Alternativ kann Wasserstoff auch tiefkalt verflüssigt in speziellen, hochisolierten Tankwagen transportiert werden. In einigen Teilen Deutschlands existieren zudem Wasserstoffpipelines, über die große Mengen Wasserstoffgas zum Kunden transportiert werden.

Die Speicherung des Wasserstoffs an der Tankstelle kann auf verschiedenen Wegen erfolgen. Entscheidend hierfür ist die Bauart der Wasserstofftankstelle sowie die tägliche Abnahmemenge. An heutigen Anlagen ist die Speicherung im gasförmigen Zustand unter Drücken von 45 bar oder 200 bar am verbreitetsten. Ebenso ist aber auch eine Speicherung im tiefkalt verflüssigten Zustand (-253 °C) möglich.

Für Wasserstoff existieren umfangreiche nationale und internationale Sicherheitsanforderungen und -vorschriften, die beim Bau und dem Betrieb der Wasserstofftankstellen zum Einsatz kommen. Neben baulichen Schutzmaßnahmen (z.B. Anfahrschutz) kommen auch umfangreiche technische Sicherheitseinrichtungen (z.B. Wasserstoffgassensoren) zur Anwendung.

Sicherheit beim Tanken

Die Wasserstoffzapfsäule kommuniziert mit dem Fahrzeug per Infrarotschnittstelle. Das Fahrzeug hat direkt neben dem Tankstutzen eine Kommunikationsschnittstelle, die der Tankstelle Daten zu Druck und Temperatur im Tank liefert. Diese Daten werden mit den Messungen der Tankstelle abgeglichen. Bei bestimmten Abweichungen unterbricht oder beendet die Tankstelle die Betankung, um nach dem Grund für die Abweichung zu schauen. Zusätzlich kann das Fahrzeug den Betankungsvorgang stoppen – eine zusätzliche Sicherheitseinrichtung, die es für sonst keinen Kraftstoff gibt.

Die Verbindung von Tankkupplung zum Fahrzeug ist eine so genannte „geschlossene Verbindung" und Voraussetzung für die Betankung: Um dies sicherzustellen, prüft die Tankstelle zunächst den Sitz der Zapfpistole und die Dichtigkeit der Leitung. Sollte eines der beiden nicht stimmen, wird die Betankung nicht gestartet. Die Tankstelle sorgt durch eine Steuerung dafür, dass das Auto voll, aber nicht überfüllt wird. Als zusätzliche Sicherheitsmaßnahme sind Überdruckventile im Fahrzeugtank verbaut, die den Druck zuverlässig begrenzen.

Nach dem Tanken werden die Zapfpistole und der Tankschlauch „entspannt": Der Wasserstoff wird zurück zur Station geleitet. An der Zapfpistole bleibt nur eine sehr kleine und daher ungefährliche Menge Wasserstoff zurück – etwa ein Drittel eines Schnapsglases.

Sicherheit im Fahrzeug

Sicherheitstechnisch unterscheiden sich Fahrzeuge mit Wasserstoffantrieb nicht von konventionellen Verkehrsmitteln. Das haben unabhängige Prüfdienste wie der TÜV in diversen Crashtests und Versuchsreihen gezeigt. Auch wenn Wasserstoff hochentzündlich ist, besteht bei einem Unfall keine erhöhte Gefahr. Vielmehr sind wasserstoffbetriebene Fahrzeuge sicherer als konventionelle Benziner. Denn Wasserstoff explodiert nicht.

Ein Leck am Wasserstofftank ist sehr unwahrscheinlich. Und selbst wenn eine Undichtheit auftreten sollte, erkennen die Sensoren den austretenden Wasserstoff. Das Fahrzeug wird automatisch abgeschaltet und sämtliche Sicherheitsventile werden geschlossen. Der Wasserstofftank wird mit dem 2,25-fachen des zugelassenen Betriebsdruckes getestet – d. h. ein 700 bar-Tank muss einem Druck von mindestens 1.400 bar Stand halten und besitzt im Falle eines Unfalls hohe Sicherheitsreserven. Der Wasserstofftank ist sowohl gegen Druck von innen und außen als auch gegen Feuer überaus widerstandsfähig."[81]

Inzwischen werden auch Busse, LKW und Schienenfahrzeuge mit Brennstoffzellenantrieb betrieben. Hier spielt die Reichweite eine wesentliche Rolle. Für die Rekuperation der Bremsenergie benötigt man keine große und schwere Batterie, da genügt eine relativ kleine Starterbatterie. Das Gleiche gilt für Flugzeuge. Zum Starten benötigen sie die Energie eines Akkus, beim Landen und eventuellem Durchstarten ebenfalls. Zum Fliegen genügt die Brennstoffzelle, die auch den Akku unterwegs wieder aufladen kann.

„In der Startphase wird man es als angenehm empfinden, dass es keine Geruchsbelästigung durch Kerosin oder Methan gibt. In der Tat werden keine Schadstoffe frei, denn als Produkt der Stromerzeugung durch die Brennstoffzellen entsteht nur Wasserdampf. Die Kondensstreifen werden uns erhalten bleiben, aber ohne den Zusatz von Kohlendioxid. Die Kondensstreifen haben zudem den angenehmen Effekt, dass sie die Sonnenstrahlung ein wenig in den Weltraum reflektieren und dadurch die Erderwärmung ein wenig verlangsamen.

Eine Voraussetzung für eine solch positive Entwicklung ist, dass

---

[81] Ebenda.

der benötigte Wasserstoff mittels Strom aus erneuerbaren Energien erzeugt wird. Wie erwähnt, muss es ausreichend Solarstrom und Strom aus Windenergie geben, um per Elektrolyse Wasser in Wasserstoff und Sauerstoff zu trennen."[82]

Auch Stahl kann mit Wasserstoff anstatt mit Koks hergestellt werden. In Duisburg wird grüner Wasserstoff per Tankwagen zum Hochofen gebracht und in einem Teil statt Kohlestaub eingeblasen. Die Versuche verliefen so erfolgreich, dass man nun daran geht und Pipelines verlegt, weil Tankwagen zu wenig Wasserstoff bringen. Die Pipelines gehen zu den nächsten Elektrolyseuren, die grünen Wasserstoff herstellen (siehe Abbildung nächste Seite). Dazu benötigen sie allerdings grünen Strom aus Windenergie und aus Fotovoltaikanlagen.

Dazu hat Marc Widmann einen hochinteressanten Artikel verfasst in der Wochenzeitung DIE ZEIT No 13 vom 25. März 2021 auf Seite 21: Der Titel lautet „Powerhouse Helgoland". Der Untertitel: „Rund um die deutsche Hochseeinsel planen 40 Unternehmen gemeinsam ein riesiges Wasserstoffprojekt, weil der kühne Bürgermeister sie dafür begeistert hat."[83]

Geplant sind Windräder in der Nordsee, die ihren Strom in einen eingebauten Elektrolyseur fließen lassen und an Ort und Stelle Wasserstoff erzeugen. Dieser fließt dann durch Pipelines nach Helgoland und ans Festland. Man benötigt also keine teuren Gleichstromleitungen. Dadurch braucht kein Erdöl in Helgoland mehr verfeuert werden für die Heizungen, sondern Strom und

---
[82] Olzog, Kurt: Wasserstoff bremst den Klimawandel. S. 68.
[83] Widmann, Marc: Powerhouse Helgoland. In: DIE ZEIT No 13 vom 25. März 2021, S. 21.

Wärme werden dort mit Brennstoffzellenheizungen erzeugt. An Land stehen zudem Abnehmer bereit, die Stahl mit Wasserstoff erzeugen oder Fahrzeuge damit bewegen.

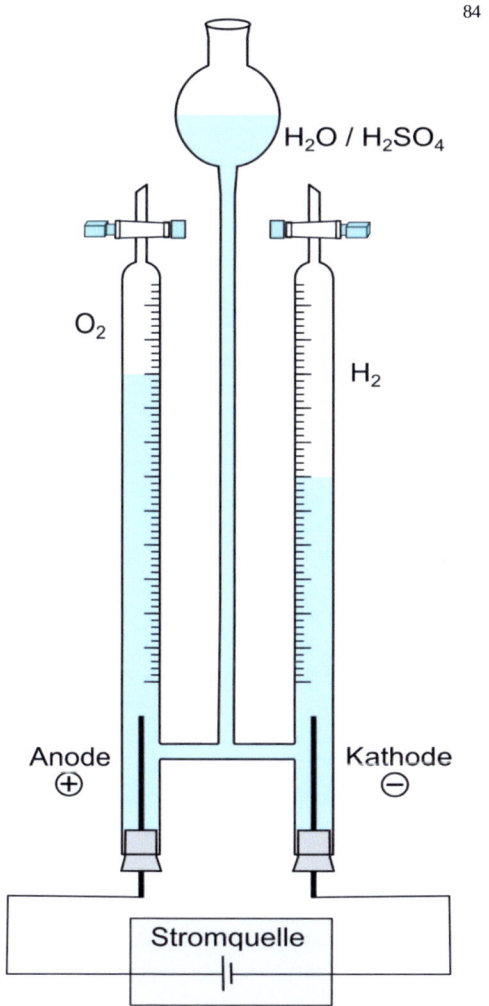

[84] Olzog, Kurt: Ausbau der Wasserstoffwirtschaft. S. 38, mit Abbildung aus: https://de.wikipedia.org/wiki/Wasserelektrolyse#/media/Datei: Hoffmannscher_Zersetzugs-app.svg,

Überschüssiger Wasserstoff kann wieder für verschiedene Zwecke ins Gasnetz eingespeist werden.[85] Die Abbildung auf der vorherigen Seite enthält eine einfache Darstellung des Hoffmannschen Zersetzungsapparates, bei dem durch elektrischen Strom Wasser in seine Bestandteile Wasserstoff H_2 und Sauerstoff O zerlegt wird, wobei sich sogleich das Molekül O_2 bildet.

---

85 Ebenda.

6. Konsolidierung der Wasserstoffwirtschaft

Der Umgang mit der Erde betrifft nur uns Menschen, die um die Erhaltung ihrer Art sehr besorgt sind. Die Erde kommt sogar besser ohne uns zurecht, denn wir Menschen haben uns in der Vergangenheit wahrlich nicht mit Ruhm bekleckert. Wenn man an die vielen Kriege und die Weltkriege denkt, an die Atomtests und an Hiroshima und Nagasaki, an die Super-GAU in der Ukraine und in Japan, könnte man fast verzweifeln, wenn man nicht einen Schimmer Hoffnung hätte.[86]

Was also können wir tun? Wir müssen uns bemühen:

„Die Einführung einer Wasserstoffwirtschaft kostet Zeit. Es ist ja nicht damit getan, dass man weiß, was man alles mit Wasserstoff anfangen kann. Es sind Milliarden Dollar und Euro an Investitionskosten notwendig, um Wasserstoff in ausreichendem Maße zur Verfügung zu stellen, und zwar ausschließlich grünen Wasserstoff. Dazu sind Unmengen an grünem Strom nötig, der vorzugsweise mit Windparks und Solarparks erzeugt wird. Und woher nehmen wir diese Unmengen an Energie? Wir bekommen sie von der Sonne geschenkt, und zwar in solchem Ausmaß, dass wir mehrere Erden mit Wasserstoff voll versorgen könnten und nie mehr auf fossile Kohlenwasserstoffe zurückgreifen bräuchten. Dazu benötigten wir nur relativ kleine Wüstenflächen und Off-

---

86 Bloch, Ernst: Das Prinzip Hoffnung. Frankfurt am Main 1959, 4. Aufl. 1977.

shoregebiete. Wasser ist in unseren Weltmeeren ebenfalls mehr als reichlich vorhanden, und alles Wasser, das wir aufspalten in Wasserstoff und Sauerstoff, wird später bei der Strom- oder Wärmeerzeugung wieder zu Wasser vereint. So entsteht ein Kreislauf, und Sonnenenergie wird endlich sinnvoll verwendet, statt verschwendet.

Nachdem wir nun die fossilen Kohlenwasserstoffe zunehmend in der Erde belassen, sorgen wir dafür, dass immer weniger Kohlenstoffdioxyd in die Atmosphäre geblasen wird. Es wird trotzdem Jahrhunderte dauern, bis sich ein neues Gleichgewicht eingestellt hat, denn das bereits in die Atmosphäre entlassene Kohlendioxid reicht aus, um die Erde weiterhin zu erwärmen, denn es hält sich sehr lange in der Atmosphäre. Der Anstieg des Meeresspiegels kann nicht mehr gestoppt, aber ein wenig verlangsamt werden.

Insofern hat die jugendliche Bewegung „Fridays for Future" recht, dass wir ihre Zukunft beeinträchtigen. Das Ziel, die Erderwärmung bei 1,5 Grad Celsius über dem vorindustriellen Wert zu stoppen, ist ambitioniert, könnte aber das Schlimmste verhindern.

„Wir müssen diese Bewegung ernst nehmen und möglichst in Politik umsetzen, um noch einigermaßen glimpflich an einer Klimakatastrophe vorbei zu schrammen. Leider sind viele Politiker zu ängstlich und schauen auf Umfragewerte, anstatt einen Strukturwandel einzuleiten. Es gibt immerhin schon Kommunen, die lokal durch Windräder und Solarplantagen mehr als ausreichend elektrische Energie erzeugen. Der Überschuss kann für die kühlere Jahreszeit gespeichert werden, nicht nur in Akkumulatoren, sondern auch in Wasserstofftanks. Der durch Elektrolyse gewonnene Wasserstoff kann in Zeiten der Flaute in Brennstoffzellen in elektrischen Strom umgewandelt werden, nicht nur in elektrisch angetriebenen Fahrzeugen."[87]

„Nach allem, was wir bisher erfahren haben, können wir uns lebhaft vorstellen, dass wir in Zukunft weniger Energie verbrauchen werden. Neue Häuser sind so gut gedämmt, dass sie zur Heizung im Winter nur wenig Energie benötigen. Eingebaute feuchtigkeitsgesteuerte Lüftungselemente verhindern Schimmelbildung. Unser neuestes Bauprojekt arbeitet mit Fußbodenheizung. Die dazugehörige Wärmepumpe steht am Gartenrand und kann von Solarenergie gespeist werden. Die Autos der Bewohner können mit Wasserstoff betankt sein und per Brennstoffzelle fahren. Man nutzt Hybridantrieb mit Fahrbatterie, durch die 40% des Wasserstoffs gespart wird, denn die Batterie wird beim Gaswegnehmen und Bremsen geladen und übernimmt dann den Anfahrprozess, wie bei derzeitigen Hybridfahrzeugen üblich. Dadurch verlängert sich die Reichweite einer Wasserstofffüllung.

Hinzu kommt die KI im Auto. Auch heute schon kann man mit Abstandsradar fahren und verhindert so Auffahrunfälle. Außerdem hilft heute schon der Spurhalteassistent dabei, die Spur zu halten. Es ist absehbar, dass es in wenigen Jahren selbstfahrende Autos gibt, denen man nur das gewünschte Ziel eingeben muss, sei es per Sprache oder Tastatur. Hier schreitet die Entwicklung voran. So kann man wie im Zug Zeitungen oder Bücher lesen, solange die Fahrt dauert, nur dass man mit dem Auto zeitlich unabhängig ist.

---

87 Olzog, Kurt: Bevölkerungsexplosion und Ressourcenverbrauch. S. 105.
    Siehe auch: Olzog, Kurt: Energiewende im Klimawandel. Vgl. S. 75ff.

Wenn wir die Entwicklung von Haßfurt betrachten [...], können wir davon ausgehen, dass die Energieversorgung zunehmend dezentral erfolgt. Den großen Energieversorgungsunternehmen ist das natürlich ein Graus. Aber die Entwicklung geht weiter, und es sind Investitionen zu erbringen, um diese Entwicklung zu stemmen. Dazu werden dezentral Fachleute gebraucht, so dass Arbeitsplätze entstehen, wo andere wegfallen. Es kommt zu einer Umstrukturierung, wie es derzeit schon bei der Beendigung der Kohlekraftwerke der Fall ist.

Die Chemie-Industrie wird sich umstellen von der Erdöl- und Erdgasbasis auf die Wasserstoff- und Methanbasis. Die dazugehörigen Prozesse sind bereits bekannt und müssen noch für die nötigen Mengenbedarfe angepasst werden. Die chemische Industrie befasst sich mit der Erzeugung chemischer Produkte. Für viele andere Wirtschaftszweige stellt sie die benötigten Stoffe her, beispielsweise für die Kunststoffindustrie, die Lebensmittelindustrie, die Automobilindustrie, den Maschinenbau, die Glasindustrie und die Baustoffindustrie.[88] „Die mengenmäßig wichtigste Grundchemikalie war lange Zeit die Schwefelsäure, bis sie von dem aus Erdöl gewonnenen Ethylen abgelöst wurde. Genaue statistische Angaben zu Produktionsmengen von Grundchemikalien unterliegen mitunter der Geheimhaltung (beispielsweise in Deutschland, falls weniger als drei Unternehmen eine bestimmte Chemikalie herstellen). Manchmal werden sie geschätzt."[89]

---

88 Olzog, Kurt: Ausbau der Wasserstoffwirtschaft. S. 81ff.
89 Ebenda. Siehe auch: *Fachserie 4, Reihe 3.1, Produzierendes Gewerbe nach Güterarten, 2. Vierteljahr 2006; Hochrechnung aus der Halbjahresproduktion bezogen auf ein Jahr.*. Statistisches Bundesamt.

Wichtige mit Wasserstoff zusammenhängende anorganische und organische Grundchemikalien der chemischen Industrie werden im Folgenden als Beispiele aufgeführt:

Aluminiumhydroxid, Wasserstoffperoxid. Ethylen, Propen, Benzol, Methanol, Formaldehyd, Butene und Phenol.[90]

Die jährlich erzeugten Mengen können unter der angegebenen Internetadresse abgefragt werden.[91]

Auch in der Stahlproduktion wird allmählich die Energieerzeugung umgestellt von Kohle und Koks auf Wasserstoff, wobei die Entwicklung zum „grünen" Wasserstoff geht. In Duisburg und auch in Salzgitter bereitet man sich bereits auf die Stahlproduktion mit Wasserstoff-Direktreduktionsanlage vor. Bisher gibt es in Deutschland keine Direktreduktionsanlage. Es gibt allerdings erste Anfänge, Wasserstoff für die Stahlerzeugung zu nutzen: „Aktuell laufen in Duisburg Versuche am Hochofen 9. Die Idee: Bis zu 20 Prozent CO_2 kann der Hochofen einsparen, wenn die Metallerinnen und Metaller nicht Kohlenstaub einblasen, sondern Wasserstoff. Bislang schickten die Duisburger nur durch eine der 28 Heißwinddüsen Wasserstoff, die anderen sollen folgen. Den für das Einblasen benötigten Wasserstoff bringen Tankwagen. „Das reicht für die Versuche, aber langfristig brauchen wir ein Wasserstoff-Gasnetz", erklärt Matthias Weinberg, Leiter des Competence

---

[90] Ebenda. Siehe auch: Amecke, Hans-Bernd: *Chemiewirtschaft im Überblick*. VCH Verlagsgesellschaft mbH, Weinheim 1987, ISBN 3-527-26540-6.
[91] Ebenda. Siehe auch: https://de.wikipedia.org/wiki/Grundchemikalie #Übersicht_über_wichtige_Grundchemikalien.

Center Metallurgy, der die Versuche begleitet."[92]"[93] Zur Konsolidierung der Wasserstoffwirtschaft und damit unserer Zukunft gehört auch ein großes Maß an Investitionsbereitschaft und die Fähigkeit, sich von alten Denkmustern zu lösen. Zum elektrischen Fliegen mit oder ohne Wasserstoff gibt es ein eindrucksvolles Beispiel:

„Der e-Genius – hier bei der Alpenüberquerung – verfügt über einen Elektromotor mit einer Dauerleistung von 40 kW am Leitwerk. In den Batterien sind 90 kWh elektrischer Leistung gespeichert: Das reicht bei etwa 170 km/h für eine Strecke von über 400 Kilometern."[94]

„Das Institut für Flugzeugbau der Universität Stuttgart demonstrierte im Sommer 2015 mit einem zweisitzigen Motorsegler, dem e-Genius […] die Alltagstauglichkeit des elektrischen Fliegens: Die Maschine flog von Stuttgart nach Mailand über die Alpen und – nach kurzem Wiederaufladen der Batterien – am selben Tag zurück."[95]

---

92 Böckmann, Christoph: Stahl hat eine grüne Zukunft. In: metallzeitung Juli/August 2020, S. 16f.
93 Olzog, Kurt: Wasserstoff bremst den Klimawandel.S. 75-79.
94 Filipenko, Mykhaylo, Kaiser, Jochen, Plötner, Kay, Strohmayer, Andreas: Nachhaltig durch die Luft. In: Physik-Journal, Weinheim Dezember 2020, S. 36, mit Abbildung.
95 Ebenda, S. 35.

Ein weiteres Beispiel für nachhaltiges Wirtschaften in kleinem Rahmen, diesmal auf See, soll zeigen, wie man nur mit Windkraft und Sonnenenergie die Welt umrunden kann:

Der energieautarke Katamaran erreicht Fort de France, Martinique, nach der ersten Transatlantikpassage (Ausschnitt). © Energy Observer Productions - George Conty [96]

---

96 Winkelmann, Marc: Aus eigener Kraft. In: seventeen goals. Wie Menschen die Welt bewegen. Eine Sonderbeilage von Projekt 17 in Kooperation mit dem Zeitverlag. Nr. 03, Herbst 2020, S. 20ff. Siehe auch: www.energy-observer.prg, mit Abbildung.

„Bei dem Schiff handelt es sich um einen umgebauten Großkatamaran von mehr als 30 Metern Länge und beinahe 13 Metern Breite. Die Oberfläche ist voll belegt mit mehr als 200 Quadratmetern Solarzellen. Zwei große Segel dienen zur Nutzung der Windenergie und richten sich selbstständig aus, um optimal im Wind zu stehen. Die Schiffsschrauben bewegen sich dabei passiv mit und laden Akkus. Bei Flaute kann das Schiff dann von den Schrauben mittels Akkus und Fotovoltaik angetrieben werden. Jérôme Delafosse leitet das Projekt seit 2013, das mittlerweile über ein Budget von 30 Millionen Euro verfügt und bis zu 60 Forschern und Entwicklern als Labor dient.

Für den Fall, dass in einer Flaute bei Nacht die Akkus leer zu werden drohen, existiert eine weitere Energiereserve: drei Wasserstofftanks. Mit Elektrolyse wird Meerwasser an Bord in Wasserstoff und Sauerstoff gespalten und der Wasserstoff gespeichert. Bei Bedarf kann ein von Toyota entwickeltes Brennstoffzellensystem den Wasserstoff wieder mit Sauerstoff verbinden und dadurch elektrischen Strom liefern. „Sechs Tage lang halten diese Vorräte bei Flaute und verhangenem Himmel."[97]

„Dass die Energy Observer auch mit Wasserstoff fährt, einer vergleichsweise wenig erforschten Technik, war dem Team wichtig. Delafosse: „Wasserstoff ist die meistverbreitete Ressource der Welt und sie ist erneuerbar. Die Entwicklung steht erst am Anfang – aber durch die Erprobung auf unserem Boot konnte ein Logistikpartner seinen ersten Wasserstoff-Truck bauen". Die beteiligten Partnerunternehmen dürfen auf die während der Weltreise gesammelten Daten zugreifen.

---

[97] Ebenda, S. 22.

Die Energy Observer passiert einen Gletscher vor Spitzbergen

Ähnlich wie in ihrer Heimat Frankreich hatte die Wasserstofftechnologie in Deutschland bislang keine Priorität; in der Regel werden Elektromotoren als goldener Weg für die dekarbonisierte Mobilität gepriesen. Ob die Verkehrswende allein damit gelingt, ist aber fraglich. Und so hat die Bundesregierung im Frühjahr eine „Nationale Wasserstoffstrategie" beschlossen, um der Branche auf die Füße zu helfen. Energie, das war für Jérôme Delafosse lange Zeit bloß eine „Rechnung am Ende des Monats". Er, der Umweltschützer, wusste wenig über Energie und welche Probleme die Produktion verursacht, gibt er zu. Durch die Beschäftigung mit dem Thema und seine Reisen hat er heute einen differenzierten Blick gewonnen. Und eine neue, positive Geschichte, die er weitertragen möchte:

„Wir wollen nicht davon berichten, dass der Klimawandel uns in eine Katastrophe führt, sondern die Menschen von einer anderen Welt träumen lassen."

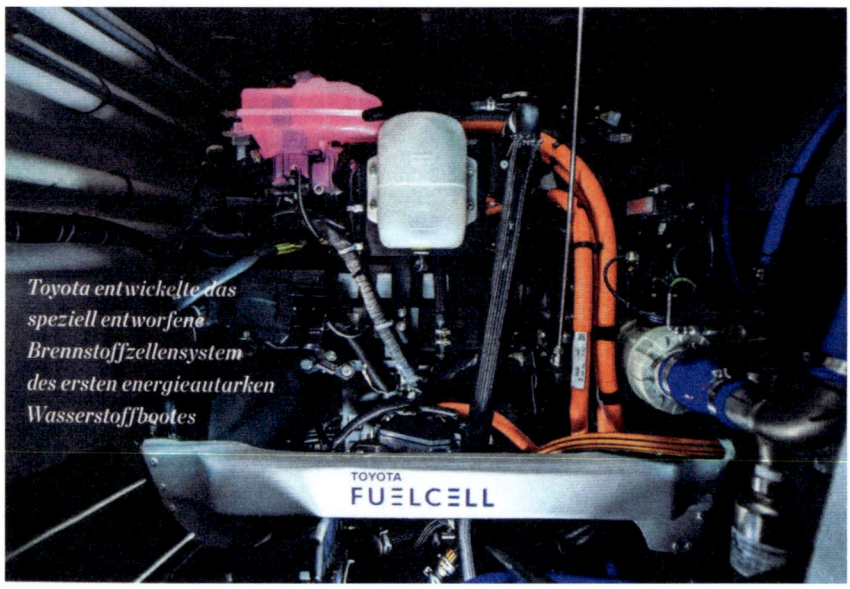

Toyota entwickelte das speziell entworfene Brennstoffzellensystem des ersten energieautarken Wasserstoffbootes

Auf ihrer Internetseite und ihrem Facebook-Kanal berichten sie ausführlich von ihren Erfahrungen und Begegnungen, erzählen von Pionieren, die unter Wasser Korallen züchten, die Arbeitslose zum Thema Biodiversität fortbilden oder einen kostenlosen öffentlichen Nahverkehr einführen. Sein Kompagnon, Kapitän Victorien Erussard, wurde von der französischen Ministerin für ökologischen Wandel bereits zum Botschafter der 17 Nachhaltigkeitsziele ernannt. Lässt die Pandemie es zu, fährt die Energy Observer im kommenden Jahr nach Kalifornien und überquert mit dem Pazifik einen weiteren Ozean, bis nach Tokio, zu den

Olympischen Spielen. Klappt's nicht, planen sie um. Auch das, so der Franzose, habe er inzwischen gelernt: sich der Realität anzupassen und im Zweifel etwas langsamer unterwegs zu sein. Aber solange sie ihr Ziel erreichen, und das aus eigener Kraft, ist ihre Mission erfüllt. Bislang hat das noch jedes Mal geklappt."[98]

---

[98] Ebenda, S. 22, mit Abbildungen. Zitiert aus: Olzog, Kurt: Wasserstoff bremst den Klimawandel. S. 35ff.

7. Aussichten

Ungeplant ist die Menschheit in eine unerwartete Situation geraten. Seit etlichen Jahren verkleinern sich die Gletscher. Dies ist nicht nur in den Alpen zu bemerken. Auch im Himalaya wird die Eisbedeckung immer geringer. Grönland wird grün. Die dortigen Bodenschätze werden nun besser erreichbar. Das weckt Begehrlichkeiten. Die Vereisung der Arktis geht im Sommer immer stärker zurück. Man könnte dort Erdöl fördern.[99]

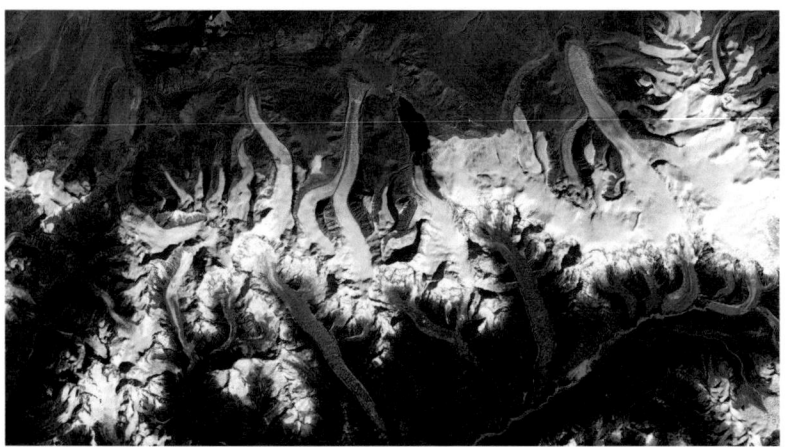

Dieses Bild der NASA zeigt die Bildung zahlreicher Gletscherseen am Endpunkt der sich zurückziehenden Gletscher in Bhutan im Himalaya [100]

Wenn man die Denkweise bestimmter Politiker mitbekommt, fühlt man sich an ein Buch von Harald Lesch erinnert mit dem Titel: „Die Menschheit schafft sich ab." Darin beschreibt Lesch in

---
99 Olzog, Kurt: Gletscherschmelze und Meeresspiegel. Norderstedt 2020, S. 28ff.
100 Ebenda, S. 36, mit Abbildung der NASA.

großem Bogen die Entwicklung von Sonne, Erde und Leben, die Menschwerdung und seine Folgen. Es geht um Energie und Rohstoffe und nicht zuletzt um den Klimawandel.[101]

Einen Schritt weiter geht James Lawrence Powell in seinem Buch „2084 Eine Zeitreise durch den Klimawandel". Aus dem Titel ist zu entnehmen, dass es sich um eine Projektion in eine Zukunft handelt, die entstehen könnte, wenn die Menschen keine Maßnahmen gegen den Klimawandel ergriffen. Die Themen „Dürre und Feuer, Überschwemmung, Anstieg des Meeresspiegels" werden behandelt. Des weiteren stehen Eis und Krieg sowie Faschismus und Migration („America First"), Gesundheit und Artensterben auf dem Programm.[102] Die Aussichten sind nicht eben rosig. Auch wenn wir uns mit der näheren Zukunft befassen, gestaltet sich der Kampf gegen die Erderwärmung eher zäh. Ob Venedig zu retten ist? Immerhin gehört Italien zu den reichsten Industrieländern der Erde. Inzwischen dürfen keine großen Kreuzfahrtschiffe mehr am Markusplatz festmachen. Kleine Boote sind noch erlaubt.[103]

---

101 Lesch, Harald, Kamphausen, Klaus: Die Menschheit schafft sich ab. München/Grünwald, 4. Aufl. 2017.
102 Powell, James Lawrence: 2084 Eine Zeitreise durch den Klimawandel. Köln 2020.
103 https://venedig.com/ mit Abbildung.

Betrachten wir folgendes Bild:

Insel Malé von Südwesten. Am Horizont die Flughafeninsel Hulhulé, links dazwischen die nicht zur Hauptstadt gehörige Insel Funadhoo. Abbildung aus: https://de.wikipedia.org/wiki/Malé.

„Malé liegt einen Meter über dem Meeresspiegel und ist direkt von dessen Anstieg betroffen. „Für den Fall, dass sich der in den Jahren 1992–2009 beobachtete Anstieg der Schmelzrate fortsetzt, würde der Meeresspiegel bis zum Jahr 2050 um 32 cm ansteigen (15 cm aus der Schmelze in Arktis und Antarktis, 8 cm aus der Schmelze aller übrigen Gletscher, 9 cm aus der thermischen Expansion des Meerwassers). Nach verschiedenen Szenarien des Intergovernmental Panel on Climate Change (IPCC), veröffentlicht 2007 in seinem Vierten Sachstandsbericht, könnte sich bis zum Zeitraum 2090–2099 der Meeresspiegel im Vergleich mit dem Zeitraum 1980–1999 im globalen Mittel zwischen 0,18 m und 0,59 m erhöhen. Diese Abschätzung schloss dynamisches Verhalten von Eisschilden aus, welches zum Zeitpunkt der Erstellung dieses Berichtes als unverstanden galt. Im fünften Sachstandsbericht des IPCC aus dem Jahr 2013 wurde das dynamische Verhalten von Eisschilden erstmals berücksichtigt und die Schätzung angehoben. Je nach Szenario wird hier ein Anstieg zwischen 0,26 m und 0,98 m erwartet. Im „Business As Usual-Szenario" RCP 8,5 (vgl. repräsentativer Konzentrationspfad) steigt die im Zeitraum 2081–2100 erwartete jährliche Anstiegsrate auf 8–16 mm.

Neuere Erkenntnisse deuten darauf hin, dass die Prognosen des Meeresspiegelanstieges durch den IPCC im 5. Sachstandsbericht wahrscheinlich zu konservativ kalkuliert sind und der Meeresspiegelanstieg stärker ausfallen könnte. Beispielsweise publizierte eine Gruppe um den Klimatologen James E. Hansen im Jahr 2015 eine Arbeit, in der auf exponentiell verlaufende Dynamiken verwiesen wird, die bereits für das Jahr 2050 einen Meeresspiegelanstieg um mehr als einen Meter erwarten lassen. Forscher um Steve Nerem haben anhand von Satellitenmessungen errechnet, dass der Meeresspiegel jedes Jahr etwas schneller steigt. Daher könnte der Durchschnittspegel an den Küsten im Jahr 2100 um 65 Zentimeter höher liegen als im Jahr 2005. Beim National Climate Assessment vom Mai 2014 wird bis zum Ende des 21. Jahrhunderts ein Meeresspiegelanstieg um 1 bis 4 Fuß (30 bis 120 cm) im Vergleich zum vorindustriellen Wert erwartet. Vor dem Hintergrund ähnlich rascher Anstiege während des Eem-Interglazials vor 120.000 Jahren sind solche Abschätzungen realistisch. Zu beachten ist, dass sich der Anstieg nicht überall auf der Welt gleichförmig bemerkbar machen wird. Aufgrund eustatischer[104] Schwankungen werden für den Nordpazifik und die US-Küste deutlich höhere Werte als im weltweiten Durchschnitt angenommen.

Seit der zweiten Hälfte der 2010er Jahre gilt es zudem als wahrscheinlich, dass der Westantarktische Eisschild bereits destabilisiert ist. Sollte dies tatsächlich der Fall sein, würde dies bedeuten, dass über die nächsten Jahrhunderte alleine durch das Abschmelzen der dortigen Gletscher ein sicherer Meeresspiegelanstieg von ca. 3 Metern auftreten wird."[105] Davon wäre auch Shanghai betroffen:[106]

---

104 Eustatische Schwankungen: Schwankungen der Schwerkraft.
105 Olzog, Kurt: Gletscherschmelze und Meeresspiegel. Norderstedt 2020, S. 44f.
106 Ebenda, S. 48: Shanghai liegt durchschnittlich 4 m über NN.
   Mit Abbildung aus:
   https://de.wikipedia.org/wiki/Meeresspiegelanstieg_seit_1850.

„Als Resümee lässt sich festhalten, dass es durchaus noch Handlungsbedarf gibt, besonders da im Jahr 2016 keine Verringerung des CO_2-Ausstoßes stattfand, sondern sogar eine Steigerung.

An dieser Stelle muss angesetzt werden, denn Kohle, vor allem Braunkohle, ist das schmutzigste Mittel zur Stromerzeugung. Es muss eine Umstrukturierung stattfinden; die Arbeitsplätze gehen dadurch nicht verloren, sondern wandern in Richtung erneuerbare Energien: Sonnen- und Windenergie gepaart mit dem Ausbau der Stromnetze, teilweise auch unterirdisch. Die Kosten werden sich amortisieren, denn wenn nichts getan würde, hätten wir mit explodierenden Folgekosten zu rechnen."[107]

Wie hat sich bis jetzt die friedliche Wasserstoff-Kernfusion weiter entwickelt?

Dazu gibt es eine Kurznachricht im Physik Journal 20 (2021) Nr. 5 auf Seite 16. Es gibt einen Bericht von der NASEM (National Academies of Science, Engineering, and Medicine). Matthias Delbrück berichtet von einer Empfehlung, „ein nationales Forschungs- und Technologieprogramm mit dem Ziel einer Elektrizität produzierenden nationalen Pilotanlage mit dem Zeithorizont 2035 bis 2040 zu starten. Bis 2028 sollen dafür zwei bis vier öffentlich-private Partnerschaften konkurrierende Designentwürfe entwickeln. Hierfür seien erhebliche Investitionen vom DOE und aus der Industrie nötig. Das Programm soll die US-Beteiligung am internationalen Fusionsreaktor ITER, dessen erstes Plasma für 2025 geplant ist, ausdrücklich nicht ersetzen, sondern ergänzen. Im Gegensatz zu dem 30 Meter großen

---

[107] Olzog, Kurt: Energiewende im Klimawandel. S. 127. Vgl. auch S. 122ff.

Reaktorkern von ITER soll die Pilotanlage wesentlich kompakter ausfallen. Die soll mithilfe von Hochtemperatursupraleitern, 3D-Druck und Computermodellierungen gelingen.

Unterdessen hat das vor drei Jahren gegründete MIT-Spin-off „Commonwealth Fusion Systems", das unter anderem von der von Bill Gates gegründeten Organisation „Breakthrough Energy" finanziert wird, bekannt gegeben, dass sein kompaktes Fusionskraftwerk SPARC[…] bereits 2025 eine Nettoenergieproduktion erreichen soll. Auch hier spielen Hochtemperatursupraleiter eine Schlüsselrolle, nämlich Rhenium-Barium-Cuprat."[108]

---

108 Delbrück, Matthias: Fusionsforschung stärken. In: Physik-Journal 20(2021) Nr. 5 S. 16. Weinheim 2021, mit Abbildung. DOE: Division on Engineering and Physical Sciences. Hintergrund-Informationen: www.nap.edu/catalog/25991/bringing-fusion-to-the-us-grid. www.psfc.mit.edu/sparc.

Literaturverzeichnis

Amecke, Hans-Bernd: *Chemiewirtschaft im Überblick*. VCH Verlagsgesellschaft mbH, Weinheim 1987, ISBN 3-527-26540-6.

Blanckenburg, Friedhelm von: Der Thermostat der Erde. In: Spektrum der Wissenschaft März 2020, S. 48-57.

Bloch, Ernst: Das Prinzip Hoffnung. Frankfurt am Main 1959, 4. Aufl. 1977.

Böckmann, Christoph: Der Energieträger der Zukunft. In: metallzeitung. Frankfurt am Main, April 2020, S. 4f.

Böckmann, Christoph: Deutschland geht die Energie aus. In: metallzeitung. Frankfurt am Main, November 2020, S. 4f.

Böckmann, Christoph: Keine Kohle! In: metallzeitung. Frankfurt am Main, März 2020, S. 4f.

Böckmann, Christoph: Neue Chancen und Jobs auf dem Weg zur Klimaneutralität. In: metallzeitung. Frankfurt am Main, November 2020, S. 20f.

Böckmann, Christoph: Stahl hat eine grüne Zukunft. In: metallzeitung. Frankfurt am Main, Juli/August 2020, S. 16f.

Boldt, Hans: Auf dem Weg zum einigen Europa: Die Europäische Union. In: Welt- und Kulturgeschichte. Zeitverlag Gerd Bucerius GmbH & Co KG, Hamburg 2006, Band 16.

Brunotte, Ernst u. a.(Hg.): Lexikon der Geographie. Heidelberg Berlin 2002, im Band 2 inliegend: Geologische Zeittafel.

Czempiel, Ernst-Otto: Im Zeichen der Hoffnung: Der KSZE-Prozess und die Schlussakte von Helsinki. In: Welt- und Kulturgeschichte. Zeitverlag GerdBucerius GmbH & Co KG, Hamburg 2006, Band 15.

Delbrück, Matthias: Fusionsforschung stärken. In: Physik-Journal 20(2021) Nr. 5 S. 16. Weinheim 2021.

Der neue Fischer Weltalmanach 2018. Verantwortlich: Christin Löchel. Frankfurt am Main 2017.

Der neue Fischer-Weltalmanach 2019. Verantwortlich: Christin Löchel. Frankfurt am Main 2018.

DIE ZEIT: Das Lexikon in 20 Bänden, Hamburg 2005.

Dippel, Horst: Unter dem Banner des Neokonservatismus und des „Kriegs gegen den Terror": Die Präsidentschaft George W. Bushs. In: Welt- und Kulturgeschichte. Zeitverlag Gerd Bucerius GmbH & Co KG, Hamburg 2006, Band 16.

Filipenko, Mykhaylo, Kaiser, Jochen, Plötner, Kay, Strohmayer, Andreas: Nachhaltig durch die Luft. In: Physik-Journal, Weinheim Dezember 2020, S. 34-40.

Gorbatschow, Michail: Perestroika. Die Zukunft der Sowjetunion. Frankfurt am Main, Wien 1988.

Harari, Yuval Noah: Eine kurze Geschichte der Menschheit. München 2013.

Hirschhausen, Eckart von: Mensch, Erde! Wir könnten es so schön haben. München 2021.

Holz, Matthias und Schönauer, Mats: 400 Jahre Blutzoll. In: DIE ZEIT Nr. 21 vom 17. Mai 2018.

https://de.wikipedia.org/wiki/Adolf_Hitler.

https://de.wikipedia.org/wiki/Braunkohle#/media/Datei:DBM_Deutsches_Bergbau-Museum_Bochum,_Lignit_Westerwald.JPG

https://de.wikipedia.org/wiki/Carl_Benz.

https://de.wikipedia.org/wiki/Grundchemikalie#Übersicht_über_wichtige_Grundchemikalien.

https://de.wikipedia.org/wiki/Henry_Ford.

https://de.wikipedia.org/wiki/Künstliche_Intelligenz. Siehe auch: Nils J. Nilsson: *The Quest for Artificial Intelligence. A History of Ideas and Achievements*. Cambridge University Press, New York 2009. Nick Bostrom: *Superintelligenz. Szenarien einer kommenden Revolution*. Suhrkamp, 2016, S. 42. Nick Bostrom: *Superintelligenz. Szenarien einer kommenden Revolution*. Suhrkamp, Frankfurt am Main. 2016, S. 50 f. Daniela Hernandez: *Microsoft Challenges Google's Artificial Brain With 'Project Adam'*. In: *Wired*. 14. Juli 2014, abgerufen am 5. August 2014 (englisch). Jeff Hawkins, Sandra Blakeslee: *On Intelligence*. Owl Books, 2005, ISBN 978-0-8050-7853-4, S. 89. Alexander D. Wissner-Gross, C. E. Freer: *Causal Entropic Forces*. (PDF) In: *Physical Review Letters*. Institute for Applied Computational

Science (Harvard University), The Media Laboratory (MIT), Department of Mathematics (University of Hawai'i at Mānoa), 19. April 2013, abgerufen am 8. August 2014 (englisch). *Alex Wissner-Gross: A new equation for intelligence.* In: *YouTube.* TED, 6. Februar 2014, abgerufen am 5. August 2014 (englisch). Mark A. Bedau: *Artificial life: organization, adaptation and complexity from the bottom up.* In: Department of Philosophy, ReedCollege, 3023 SE Woodstock Blvd., Portland OR 97202, USA (Hrsg.): *Trends in Cognitive Sciences.* Band 7, Nr. 11. Portland, OR, USA November 2003 (reed.edu [PDF; abgerufen am 12. März 2019]). Wolfgang Banzhaf, Barry McMullin: *Artificial Life.* In: Grzegorz Rozenberg, Thomas Bäck, Joost N. Kok (Hrsg.): *Handbook of Natural Computing.* Springer, 2012, ISBN 978-3-540-92909-3. *Künstliche Intelligenz revolutioniert die Astronomie.* science.ORF.at, 15. Dezember 2017, abgerufen am 12. März 2019.

https://de.wikipedia.org/wiki/Malé.

https://de.wikipedia.org/wiki/Meeresspiegelanstieg_seit_1850. Siehe auch: J. Hansen, M. Sato, P. Hearty, R. Ruedy, M. Kelley, V. Masson-Delmotte, G. Russell, G. Tselioudis, J. Cao, E. Rignot, I. Velicogna, E. Kandiano, K. von Schuckmann, P. Kharecha, A. N. Legrande, M. Bauer, K.-W. Lo: *Ice melt, sea level rise and superstorms: evidence from paleoclimate data, climate modeling, and modern observations that 2 °C global warming is highly dangerous.* (PDF) In: *Atmospheric Chemistry and Physics (Discussions).* 15, Nr. 14, 2015, S. 20059–20179. *Meeresspiegelanstieg: Maximal 2,38 Meter bis zum Jahr 2100.* In: *Spiegel Online.* 21. Mai 2019 (spiegel.de [abgerufen am 21. Mai

2019]). R.J. Nicholls und S.P. Leatherman (1994): *Global sea-level rise*, in: K. Strzepek, J.B. Smith: As Climate Changes: Potential Impacts and Implications, Cambridge Univ. Press.

https://de.wikipedia.org/wiki/Methan.

https://de.wikipedia.org/wiki/Internationale_Organisation_für_erneuerbare_Energien.

https://de.wikipedia.org/wiki/Wasserelektrolyse#/media/Datei:Hoffmannscher_Zersetzugs-app.svg.

https://de.wikipedia.org/wiki/Wasserstoffherstellung#Einsatz_von_Wasserstoff; siehe auch: Grüner Wasserstoff als Klimaschützer: Der Sauberstoff auf spiegel.de abgerufen am 2. Januar 2020. *MIT claims 24/7 solar power*, vom 31. Juli 2008, abgerufen am 19. Oktober 2011.

https://h2.live/tankstellen.

https://mwae.brandenburg.de/de/braunkohle/bb1.c.478774.de.

https://venedig.com/.

https://www.bund-nrw.de/themen/braunkohle/hintergruende-und-publikationen/braunkohle-und-umwelt/braunkohle-und-klima/.

https://www.deutschlandfunk.de/petersberger-klimadialog-merkel-fuer-weltweiten-preis-auf.1939.de.html?drn:news_id=1256374.

https://www.deutschlandfunk.de/umweltfreundliche-energie-deutschland-soll-vorreiter-bei.1939.de.html?drn:news_id=1139720.

https://www.deutschlandfunk.de/klimaschutz-bundesregierung-strebt-zuegige-anpassung-des.1939.de.html?drn:news_id=1254133.

Katzer, Nikolaus: Mauer und Stacheldraht verschwinden: Die Auflösung des Ostblocks. In: Welt- und Kulturgeschichte. Zeitverlag GerdBucerius GmbH & Co KG, Hamburg 2006, Band 15.

Laufmann, Peter: Der Boden. Das Universum unter unseren Füßen. München 2020.

Lesch, Harald, Kamphausen, Klaus: Die Menschheit schafft sich ab. München/Grünwald, 4. Aufl. 2017.

Loth, Wilfried: Von den Schauprozessen zum „Tauwetter". In: Welt- und Kulturgeschichte. Zeitverlag GerdBucerius GmbH & Co KG, Hamburg 2006, Band 15.

Olzog, Kurt: Ausbau der Wasserstoffwirtschaft. Norderstedt 2020.

Olzog, Kurt: Bevölkerungsexplosion und Ressourcenverbrauch. Norderstedt 2019.

Olzog, Kurt: Der Mond – Rohstoffquelle und Weltraumbasis. Norderstedt 2017.

Olzog, Kurt: Energiewende im Klimawandel. Zweite erweiterte Auflage, Norderstedt 2017.

Olzog, Kurt: Gletscherschmelze und Meeresspiegel. Entwicklung und Zukunftsperspektiven. 2. Auflage, Norderstedt 2020.

Olzog, Kurt: Globalisierung der Politik. Geschichte und Zukunftsperspektiven. Norderstedt 2018.

Olzog, Kurt: Wasserstoff bremst den Klimawandel. Norderstedt 2021.

Powell, James Lawrence: 2084 Eine Zeitreise durch den Klimawandel. Köln 2020.

Schätzing, Frank: Was, wenn wir einfach die Welt retten? Handeln in der Klimakrise. Köln 2021.

Statistisches Bundesamt. Fachserie 4, Reihe 3.1, Produzierendes Gewerbe nach Güterarten, 2. Vierteljahr 2006; Hochrechnung aus der Halbjahresproduktion bezogen auf ein Jahr.

Taylor, G. Jeffrey: Ursprung und Entwicklung des Mondes. In: Spektrum der Wissenschaft, September 1994, S. 59-61.

Wendt, Bernd Jürgen: Der Zweite Weltkrieg. In: Welt- und Kulturgeschichte. Zeitverlag GerdBucerius GmbH & Co KG, Hamburg 2006, Band 14.

Widmann, Marc: Powerhouse Helgoland. In: DIE ZEIT No 13 vom 25. März 2021, S. 21.

Winkelmann, Marc: Aus eigener Kraft. In: seventeen goals. Wie Menschen die Welt bewegen. Eine Sonderbeilage von Projekt 17 in Kooperation mit dem Zeitverlag. Nr. 03, Berlin und Hamburg, Herbst 2020, S. 20ff.

www.energy-observer.prg.

www.nap.edu/catalog/25991/bringing-fusion-to-the-us-grid.

Www.psfc.mit.edu/sparc.